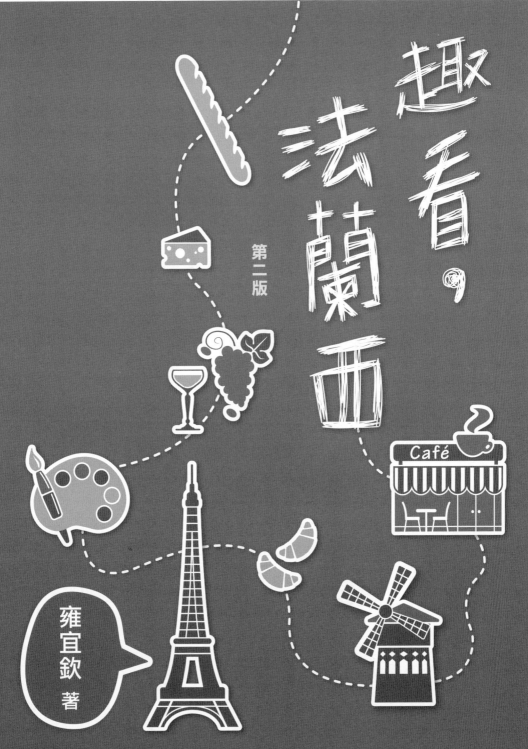

趣看，法蘭西

第二版

雍宜欽 著

五南圖書出版公司 印行

序言

流浪到巴黎

大學時從書本上認識巴黎，知道她是一個極美的城市，是一個人文薈萃的藝術之都，於是立志將來有一天，一定「要去巴黎流浪」。因爲書上描述巴黎的流浪漢，冬天住在地鐵，夏天住在塞納河的橋下，對年輕人來說這是多麼的浪漫！

有一天當我大學畢業去到巴黎，親眼看到了巴黎的流浪漢……。這些流浪漢究竟是什麼模樣？在冬天的時候，地鐵的長廊裡時常可見一些落魄人士的身影，拎著大包小包，瑟縮在地鐵的一角。由於他們居無定所，沒有地方沐浴更衣，走過他們的身邊，都會傳來一股異味。他們自己亦有自知之明，不會與人搭訕，只是雙眼空空洞洞的望著前方，顯出一種落寞與大都會人群之中的孤寂，這就是「巴黎的流浪漢」！

青年學子心目中所謂的流浪漢，是帶著自己年輕的夢想前往巴黎，想要瀟瀟灑灑闖蕩一番之意，與現實生活中令人「屏氣凝息」的流浪漢是頗有落差的。

本書就是由這個觀點來看看法國日常生活的文化，與我們心中的想像究竟有哪些不同？

法國棍子麵包

法國棍子麵包皮脆心軟，每天上午、下午都有固定出爐的時間。麵包店比我們的饅頭店還要普遍。法國人買麵包時需要排隊的，夏天的時候，即使年度休假期間，好像大家都約好了似的，總有一兩家麵包店不休息，替附近的居民服務。

麵包放在桌布上

法國人每天每餐都吃麵包，麵包放在桌布上，而不是放在盤子裡。吃的時候是掰一小塊，用手再送進嘴裡，不是直接用嘴咬。

一餐沒有乳酪就像獨眼龍的美女

乳酪在法國據說有三百多種，每天吃一種，三百六十五天都不會重覆。法國人有一句諺語說：「一餐飯如果少了乳酪，就像是一個美麗的少女，卻可惜是個獨眼龍！」意思是說，實在是美中不足！乳酪有牛奶做的、或是羊奶做的。有的乳酪還發著藍綠色的黴，欣賞的人覺得非常好吃，不懂得欣賞的人對乳酪的感覺，就像是西方人看「臭豆腐」一樣：太有味道了，敬謝不敏！

「Pot de thèse」——大家一起喝一盅酒

葡萄酒精度數不很高，在法國，烈酒和葡萄酒是不能同等看待的。吃紅肉配紅酒；白肉則配白酒；至於田雞則配粉紅酒。香檳是用來慶祝喝的。法國不像臺灣有畢業典禮。通常在高等學府附近有些咖啡店，在畢業的季節，也替學生辦理「畢業酒會」，法文稱爲「Pot de thèse」，這些咖啡店辦理酒會相當專業，價碼以人頭計算。所謂「Pot de thèse」，是指博士論文通過之後，大家一起喝一盅酒表達慶賀的意思。

人間美味：紅酒、乳酪與麵包

紅酒、乳酪與麵包三樣東西加在一起可說是人間美味。因此哪怕地鐵的流浪漢，有了一點錢也是去買這「紅酒、乳酪與麵包」。

似乎每個人的「胃腸」，即使旅居異鄉多年，對故鄉的飲食總有無限的思念。因此法國人送給國外朋友的禮物，往往也是送乳酪或者送一條胖胖的香腸「saucisson」，即一種很粗很粗的香腸，切片就可以食用了。

咖啡加牛奶

在法國的宿舍喝牛奶是用大碗，所謂的「Café au lait」，是很多的咖啡加一點點的牛奶，而所有的亞洲人的認知裡頭，「Café au lait」，是很多的牛奶加一點點的咖啡。

茶杯、咖啡杯、水杯與酒杯

各種杯子形狀不同，功能也不同。

香檳酒的杯子細細長長；白蘭地的酒杯口比較小。吃飯的時候，喝水使用水杯，即一般的玻璃杯。喝茶與咖啡就用有柄的那種杯子。

喝酒時彼此祝福健康（À votre santé），我們則是乾杯，比較豪邁吧！

吃飯時大家互道「Bon appétit」，祝君好胃口，而中文實在沒有相對應的詞語。我們說「慢慢吃」，通常是在需要提前離席時，對其他的人表示歉意而說。

三明治

臺灣的三明治一般均以土司麵包製作，而法國的三明治是以棍子麵包一段，約二十公分長的麵包做成，裡面可以放乳酪、火腿、生菜、番茄等，在街上都可以買到，自己如果帶個簡餐或野餐，所放的東西也差不多。

住在法國

極乾淨的廚房

很多時候在法國租屋，如果有糾紛或不悅，問題多半來自廚房的清潔問題。中國人做飯，煎、煮、炒、炸，菜很有味道，爐子旁邊亦挺熱鬧的！法國人的廚房眞的很乾淨，洗東西的水槽也都洗得乾乾淨淨。連水龍頭都是用擦碗布擦得乾乾的、晶晶亮亮的！

桌布、餐巾、床單都燙得平平整整

很難想像法國人的床單、桌布、餐巾，甚至是擦碗布都燙得平平整整。除非在法國南部有院子的地方，衣服是絕不會掛出來像萬國旗一樣。因此在法國遊學，住在住宿家庭，衣服如何洗、如何曬、都要先客客氣氣的問房東，千萬別自作主張把衣服曬在房間裡，中法文化可眞是有很大的區別！

黃色的燈光

法國的室內很少用白色的燈光，初到法國時也覺得很奇怪，甚至客廳也是微弱的「黃色的燈光」，宿舍裡電視間看電視也是一樣，有時是完全不開燈的。

廁所和乾燥的浴室

臺灣的廁所有蹲式與坐式，法國的蹲式廁所屬於土耳其式的，方方的便池，上面兩塊踏腳板，沖水之後最好趕快離開，以免大水氾濫。我們臺灣的蹲式廁所，有的法國人覺得很有趣，他們認爲很像「嬰兒車」的形狀。

廁所和浴室在臺灣幾乎都是連體嬰，在法國廁所和浴室通常是分開的，而且較爲方便。最大的不同，法國人的浴室往往還鋪有地毯，因此如果在住宿家庭洗澡的時候就得「入境隨俗」，斯斯文文的洗，千萬不能像水牛一樣，把水濺得滿地都是。

喜歡寧靜的居住環境

有關住處的選擇，臺灣人多以生活機能爲考量，多半的人會喜歡住在很方便、很熱鬧的地方。夜貓族萬一在三更半夜想買個茶葉蛋、買份報紙會比較方便。而法國人評斷住處的指標是「安靜的純住宅區」，這樣的住處在他們心目中是比較有價値的。

法國和我們很不一樣的地方

示威和罷工

在法國最先聽到「示威」（Manifestation）時是眞的有點緊張……後來才弄明白，所謂「Manifestation」是民衆爲表達其想法的聚集。而罷工在法國更是司空見慣，各行各業都可能罷工，有時每個禮拜都有罷工，或許一項罷工可以持續好幾個禮拜。

沒有馬上辦中心

高雄曾經有一位市長，成立「馬上辦中心」，市民、百姓任何的疑難雜症，市政府都立刻爲民衆服務。在法國這是絕對不可能的！因此在法國辦理居留或其他事務，除了個人資料要準備齊全，跑個很多趟也是很正常的事。因此學生到法國留學，一定要養成習慣，辦事是按照法國的生活步調。你絕不可能像在臺灣一樣，今天拿來，明天就要。如果是這樣的心態，一定會很有挫折感。

現代由於交通發達、資訊方便，無論東方或西方，彼此的來往與交流越來越頻繁，東西方的穿衣方式、飲食習慣已有「世界化」的趨勢，比如麥當勞、比如星巴克……。

但每個國家仍然保有其根深蒂固的文化。中法文化差異正如其地理位置一樣，相去甚遠。本書僅就法國日常生活，我們以爲瞭解卻不甚明白的部分提出分享，至於掛一漏萬之處，尚祈各方高明不吝指教。

雍宜欽

目錄

食

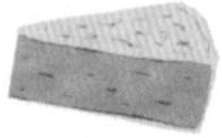

Contents

衣

住

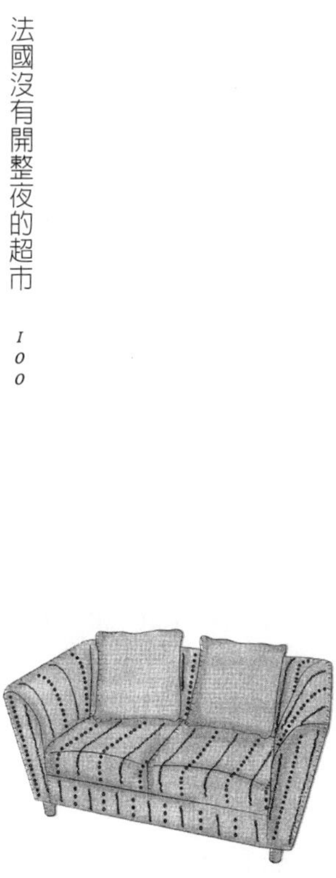

行

育

Contents

樂

其他

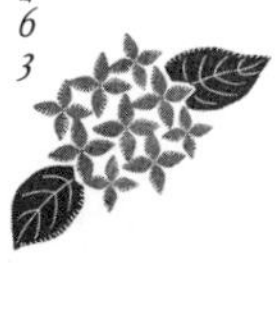

食
Notre Dame de Paris
Bonjour
parfum
vin
fromage
croissant

法國早餐吃什麼

家裡或宿舍咖啡用碗裝

咖啡店

典型的歐陸早餐

法國早餐是典型的歐洲大陸式早餐，一定有棍子麵包、牛油、果醬、咖啡、牛奶或茶，當然有的時候也可以配上牛角麵包，也叫作「新月型麵包」。

棍子麵包在法國文化中就相當於我們的饅頭，每天早上或傍晚有固定烘焙出爐的時間。買麵包時需要排隊，在法國買東西是「君子動口不動手」，客人口述自己要買的東西，由店員循序爲你服務。有的麵包店生意興隆，登上了觀光指南。觀光麵包店爲了更有效率，有時進出麵包店是不同的出入口，以免客人太多會在門口打結。

新鮮的棍子麵包外皮酥酥脆脆，裡面鬆鬆軟軟，買的棍子麵包頂多用一張細緻的牛皮紙攔腰一包，讓顧客可以用手握著。每當麵包剛剛出爐，手裡握著熱騰騰、酥酥脆脆的法國麵包，聞著老麵發酵散發出的古樸香味，難怪有人餓了會忍不住手掰一塊送入嘴裡。剛到法國的時候對這樣的情景還很不習慣，怎麼會把棍子麵包夾在胳肢窩底下，不像我們在臺灣買麵包，一個一個分別包裝，中國人財不露白，連買的麵包也包裝得好好的，除非是在拍電影！

法國早餐吃的眞是道地的牛油，有的牛油還有一點鹹味兒，有種特別的滋味。新鮮的棍子麵包，塗上牛油，再加一層果醬，非常美味，早晨提神醒腦的維他命和糖分就夠了！

法國人通常是喝「咖啡配牛奶」（café au lait），很多咖啡配一點牛奶；東方女孩住在宿舍裡，喜歡的卻是「牛奶配咖啡」（lait au café），很多牛奶加一點點咖啡。法國傳統的早餐很「豪邁」，咖啡或茶是用碗來喝的，這種碗通常是白色厚重的陶瓷，再不就是透明的或琥珀色的厚重玻璃碗，非常牢固，有時掉在地上鏗鏗幾聲還不一定會破，一直到現在我們去法國朋友家作客，早餐時用碗喝咖啡，好法國、好舒服的感覺！

目前臺灣在家裡吃早餐的人已越來越少，因爲出門到處都是早餐店。法國有早餐店嗎？沒有。如果他們不是在家用早餐，就會到自家附近的咖啡店喝杯咖啡，吃個牛角麵包，因爲彼此是街坊鄰居，即使匆忙，也與老闆小小閒話家常再去上班。

熟客人通常就站在吧檯旁邊，或坐在高腳椅子上，快速的解決了早餐就去上班，沒事的客人可能就坐在角落裡的咖啡桌邊，慢慢享受咖啡。咖啡碟旁的法國方糖，有時是一塊塊單獨包裝，而且方糖在法國也有大小編號，非常邏輯，去超市買糖時注意看一下，有三號、四號之分，它表示方糖的大小。要是你沒事的話，就在咖啡店裡慢慢看看報紙和雜誌、寫寫文章吧！法國是一個凡事都要付小費的國家，各種小費一般約在百分之十五左右，坐在小桌邊喝咖啡是要付小費的，而站在吧檯旁邊是不需付小費的。**Bonjour, la France!**（早安，法國！）這就是法國一天的開始。

法國土司的由來——Pain perdu DIY

法國吃什麼麵包

麵包如何存放

自己動手做法國土司（Pain perdu）

法國的麵包店叫作 Boulangerie，西點糕餅店叫 Patisserie，麵包店會做西點，西點店也會做麵包，但是老饕都知道，麵包店專攻麵包，麵包應該做得比較好，糕餅店的糕餅一定比較擅長。

法國人常吃什麼麵包？最常吃的是棍子麵包 baguette，再細小一點的，叫 ficelle，當然還有圓圓的鄉下麵包等等。鄉下麵包有點像目前臺灣流行的紅酒桂圓麵包，每個麵包是以重量計算價格。

此外爲了方便或是健康的理由，有一種土司形狀的麵包，比臺灣一般的土司略小，烤得乾乾的，叫做 biscottes。無論哪種麵包，一般法國人，每天每餐都吃麵包，因爲它是人們的主食，無論吃什麼都會配麵包，就像我們每餐一定搭配米飯或麵食一樣。

爲了吃到新鮮的麵包，法國人幾乎每天都去買麵包。每個人都有喜歡的麵包店。即使在放暑假

的時候，同一個區域的麵包店也不會同時休假，他們會輪休，似乎商量好了似的。

如果麵包當天吃不完，如何保存呢？法國家庭廚房裡常放有一個鐵質的盒子，專門用來存放麵包用的，叫作麵包存放盒（boîte à pain）。法國棍子麵包新鮮時吃非常可口，一旦切開，放得久一點很難保持原有的風味，最先麵包外皮會變軟不再酥脆。由於法國是歐洲大陸型氣候，天氣相當乾燥，麵包要是放了幾天以後，它會變得越來越硬，已經硬得無法入口。這個時候他們當然還是去買新鮮的麵包回來吃。這些硬梆梆的麵包就丟棄了嗎？不，還有辦法的，看看法國人如何處理這些又乾又硬的麵包，這就是「法國土司」的前身，法文叫作「Pain perdu」，自己動手試試看。

法國的這道「Pain perdu」，基本作法很像中國的煎饅頭。臺灣早餐店的法國土司，不知道是不是「Pain perdu」飄洋過海而來，不過按照這種方法自己做做看，是不是覺得自己有點像「料理鼠王」？

法國土司

食材

變硬的麵包塊（Pain perdu）
雞蛋 2-3 個
鮮奶 1/2 公升
油或牛油適量
白砂糖適量

作法

1. 麵包一塊塊先在牛奶裡浸一會兒，讓它吸滿牛奶變軟。
2. 將吸滿牛奶的麵包，再沾上一層打散的雞蛋汁。
3. 麵包一塊塊放入平底鍋中，以小火煎至兩面金黃。
4. 撒上細砂糖粉或是個人喜愛的果醬等配料，趁熱食用。

人間美味——麵包、紅酒、乳酪（Du pain, du vin et du fromage）

法國菜是西方美食的牛耳

大家一起買酒喝（團購紅酒）

乳酪超過 365 種

法國菜是西方美食的牛耳，法國人很懂吃、很會吃，吃得很晚，用餐時間拖得很長，但是街上很少看到大胖子，這其中學問就大了。他們吃飯是一道一道慢慢上的，歐洲還有其他也說法語的國家，也傳承了法國文化，但是吃飯的時候，各種餐點有時是一起上菜的，和家庭式的中國菜差不多。然而在法國用餐，他們是一道一道慢慢上菜，法國各地雖有不同的風味美食，共同點是一般法國人的晚餐都相當晚，尤其在夏天，他們實行夏季節約時間，太陽到八點都還沒下山，因此受邀到法國人家去晚餐，八點半開始正餐的已經不錯了。

一般是從七點半左右客人陸陸續續來到，大家在客廳聊天，吃著開胃小點心，喝著開胃酒，不喝酒的人可以喝果汁，到八點半才移師飯廳。座位主人一定先有安排，通常主人坐在長桌兩頭，客人一男一女交錯而坐，女主人右手邊最重要的位子坐男主客，男主人右手邊坐女主客……客人坐定之後，由女主人發號施令開始用餐上菜，依序上湯、前菜、主菜、生菜、乳酪、甜點、咖啡等。

每一道菜用完都會問客人是否還要添加。考究一點的中間還換盤子，一頓飯吃下來，常常已經到晚上十點半，起身告辭再閒話幾句家常，轉眼已經是晚上十一點。法國人吃飯的確「很從容」，無論在家或在餐館，從來不會急迫，吃完一道，會問還有沒有人要添一點，確定之後才上下一道。更換餐具、上菜都是慢條斯理的，太快好像在催客人，顯得不禮貌。法國人晚餐雖然吃到很晚，卻很少看到大胖子，這與他們的細嚼慢嚥或許有些關聯。

法國人餐桌上經常有酒，一般人僅僅小酌，彼此互祝健康，從不乾杯。吃紅肉配紅酒，吃白肉、海鮮配白酒，要是吃田雞就配粉紅酒。紅酒是用紫紅葡萄做的，白酒是綠葡萄做的。當水果吃的葡萄甜度較高，釀酒的葡萄甜度較低，各有特別的品種和特殊的產地，如果是乾旱少雨的年份，那年的葡萄酒品質會更好。

在揪團網購流行之前，法國已經有住在同一棟樓的住戶，一起團購一個大橡木桶的紅酒，存放在地窖裡，再由各住戶分別用酒瓶去分裝。由此可見，好東西與好朋友分享，是放諸四海皆準的。

法國人號稱有超過三百六十五種的乳酪，每天吃一種乳酪，天天可變換不同的口味。乳酪在法國文化中，有點像中國文化裡的豆腐一樣，被製成各式各樣的食材或食

物，每個人每天的生活都必須攝取豆類食物，而法國人則幾乎每餐都吃乳酪，自用、請客都一樣，乳酪絕對不只一種，任君挑選。如果在鄉下餐廳用餐，乳酪就更澎湃了，有時乳酪是用曬穀子的大竹盤裝著，放在裝飾用的牛車上，客人可以選擇自己喜愛的乳酪，它的種類繁多，少說也有好幾十種。法國人有句諺語說：「一餐沒乳酪就像是個獨眼龍的美女。」（Un repas sans fromage est comme une belle jeune fille qui n'a qu'un œil.）言下之意是：「可惜呀，眞是美中不足啊！」

法國人的乳酪，有用牛奶或羊奶做的，都經過發酵，有的還有藍藍的黴菌，聞起來味道十足，有點類似「臭豆腐」的味道，喜歡的人卻覺得香味撲鼻！法國人中午帶的午餐三明治，裡面也常常夾有乳酪。乳酪在法國有千百種，營養價値很高，其優質的鈣質，是很好吸收也很好貯存的「骨本」。

法國文化中，棍子麵包、乳酪配紅酒，三種食物配在一起，組合成簡單的人間美味，也來試試看吧！

料理鼠王什麼意思　蔬菜雜燴怎麼做

電影是第七或第八藝術

中法片名大不同

料理鼠王什麼意思

蔬菜雜燴（Ratatouille）怎麼做

臺灣稱電影爲第八藝術，而在法國或歐洲叫它第七藝術，爲什麼有兩種說法？

電影在二十世紀一般被稱爲「第七藝術」。一八七九年出生的義大利詩人喬托．卡努杜，從小移居法國，他也是電影人，於一九一一年發表一篇論著〈第七藝術宣言〉，宣稱電影是有別於詩歌、音樂、舞蹈、美術、建築和戲劇的第七藝術。電影把前幾種藝術加以融合，綜合了靜的藝術和動的藝術、時間藝術和空間藝術、造型藝術和節奏藝術。二次大戰後，電視逐漸普及，被稱爲「第八藝術」。

另一說法，原本七大藝術類別，如：文學、音樂、舞蹈、戲劇、繪畫、建築、雕塑等，在二十世紀電影出現後，因爲電影的元素包括了前七大藝術類別，使得藝術又多了一個項目，因此最後加入的電影即稱爲「第八藝術」。

影片命名方面，法國的片名與臺灣的片名常有很大的差異，一方面因國情有所不同，另一方面也與文化差異有很大的關連。舉經典名片《Un homme et une femme》爲例，片名直接翻譯就是《一個男人和一個女人》，在臺灣這部電影片名翻譯爲《男歡女愛》；另一部法國影片《La motocyclette》（摩托車），臺灣片名叫《想你、愛你、恨你》；再來就是《Ratatouille》這部影片，法文原意是地中海海岸附近，法國普羅旺斯地區的一道菜餚的名字，在臺灣的片名是《料理鼠王》，可見一部電影在命名的時候，一定根據電影的情節，並參考當地的風土民情，再給它取一個在地化的名字，讓觀衆容易理解、容易接受、更容易喜歡的名字。

《料理鼠王》這部動畫影片，描寫小老鼠雷米，夢想成爲頂尖的廚師。雖受限於「先天的條件」，卻總是鍥而不捨。當他意外來到美食之都巴黎，發現自己居然處於食神創立的美食餐廳的地底下，簡直是天賜良機。然而，我們可以想像，當一隻老鼠出現在巴黎頂尖餐廳，會是一件多麼尷尬又危險的事，因爲「過街老鼠，人人喊打」！但因緣際會之下，他結識了在廚房打雜的小林，爲了追逐共同的夢想，兩個人變成了最佳拍檔。拙手笨腳的小林配上膽大包天的雷米，鬧出許多令人捧腹大笑的故事，這人鼠的組合幾乎把巴黎美食界搞得天翻地覆！……你一定很好奇「Ratatouille」（蔬菜雜燴）爲什麼會當成片名，它到底怎麼做？

很多臺灣人，即使沒有去過法國，也都覺得這道蔬菜雜燴非常可口，再配上華人的米飯，也很搭呢！

蔬菜雜燴

食材

茄子、番茄
櫛瓜、彩椒、洋蔥
大蒜、絞肉
橄欖油
胡椒粉、地中海香料

作法

1. 茄子、番茄、櫛瓜、彩椒、洋蔥切大丁備用。
2. 大蒜切末備用。
3. 放橄欖油略加熱，加入洋蔥，炒到變色聞到香味時加入絞肉，炒至八分熟盛出備用。
4. 放橄欖油，加入蒜末、番茄炒到聞到香味時，加入茄子炒到略微變軟，加入櫛瓜、彩椒等食材輕輕拌炒，再將絞肉放入鍋中。
5. 加入適量鹽、胡椒粉、普羅旺斯香料及少許水覆蓋所有食材，小火燜煮至熟透。

法式蔬菜湯　養生哩

蔬菜湯或濃湯

湯何時喝用什麼喝

法式蔬菜湯如何自己做

法國湯有兩個字，「soupe」和「potage」，一般的湯都可叫「soupe」，「potage」是比較晚出現的字，通常湯裡材料豐富一些，「potage」往往指濃湯，但有的濃湯也叫「soupe」，兩個字的分野不那麼明顯。「potage」聽起來似乎比較附庸風雅一些，內容豐富一點。

法國人晚餐或請客的時候通常也會喝湯，但喝湯的習慣和中國人大不相同。在法國湯是第一道，雖是熱的，但不會滾燙；中國人喝湯，要看是中國東南西北哪個地區。廣東人吃飯會先來一點湯；臺灣人吃酒席，湯品有好幾道；其他一般的情況是吃完飯再來喝點兒湯。中國人覺得湯一定要熱熱的才好喝。

中國人喝湯用碗裝，有時湯碗比飯碗略小。法國人喝湯一般都用湯盤，它是一種有一點深度的盤子，盤子口大，因此喝到嘴裡時，湯絕對不會燙到嘴巴。法國人用大湯匙喝湯，是用湯匙舀了湯

法式蔬菜湯

食材

西洋芹菜三根
四季豆十根、胡蘿蔔一條
馬鈴薯一個
洋蔥一個
鹽少許、胡椒粉少許

作法

1. 將食材如西洋芹菜、四季豆、胡蘿蔔、馬鈴薯、洋蔥等切丁備用。
2. 將食材依熟成時間陸續放入滾水中煮至七、八分熟。
3. 所有材料倒入果汁機打碎，或用攪拌器直接在鍋中進行，喜歡有點口感的人不要打太久。
4. 再將所有材料入鍋煮到開，加入適量鹽與胡椒粉即可。
5. 喜歡濃郁口味的人，可酌量加一點牛油。

送到嘴裡，原則上舀湯的方向是由內向外，如果快要見底的時候，左手輕輕扶起湯盤的西南角，也就是「時鐘八點鐘」的方向，慢條斯理優雅從容的繼續舀湯的動作。

法式蔬菜湯是一道家喻戶曉的湯，裡面放各式各樣的蔬菜，作法簡單，的確營養健康又養生。

上面這道蔬菜湯，在法國極為普遍，可依個人口味加入喜好的食材，或是加入家裡冰箱中現有的蔬菜，切丁、煮熟、打碎、調味，非常簡單養生。不願意打碎，切丁煮得軟軟爛爛的，也有另一種風味與口感，很值得試試看。

蝸牛在法國

蝸牛命運大不同

中國人陸海空通包

法國老饕各有所好

提到蝸牛，就想到〈蝸牛與黃鸝鳥〉這首歌，它是由陳弘文作詞，林建昌作曲，原唱者是校園歌手銀霞——導演劉家昌的小姨子。

〈蝸牛與黃鸝鳥〉這首歌的歌詞，親切、自然、輕快、質樸、感情真切，真實地反映了動物世界中蝸牛與黃鸝鳥和諧共生的歡樂場景。讓我們欣賞一下〈蝸牛與黃鸝鳥〉的歌詞：

阿門阿前一棵葡萄樹，阿嫩阿嫩綠的剛發芽，蝸牛背著那重重的殼呀，一步一步地往上爬。
阿樹阿上兩隻黃鸝鳥，阿嘻阿嘻哈哈在笑牠，葡萄成熟還早的很哪，現在上來幹什麼？
阿黃阿黃鸝兒不要笑，等我爬上它就成熟了！

這首〈蝸牛與黃鸝鳥〉，歌詞在每個人的腦海裡，描繪出一幅溫馨的圖畫。因此蝸牛在我們的文化裡，是個慢吞吞的軟體小動物，一步一步的向前爬，好像沒有什麼企圖心，也沒有什麼特殊的經濟價值。

在臺灣沒有房子的人，我們形容是「無殼蝸牛」；擁有小小的一個房子，我們形容是「蝸居」。在法國，蝸牛可是美食佳餚，牠是餐桌上的一道前菜，不過不是任何蝸牛都可以吃，只有一、兩個品種的蝸牛可以食用。

中國人吃的東西包羅萬象，天上飛的、地上走的、海裡游的通通都可入菜，尤其是廣東人，幾乎什麼都吃。法國人很懂得吃，吃的東西種類也不遑多讓。蝸牛在法國是前菜，尤其在法國西南部，更常以濃濃的口味來烹調這道佳餚。

一般來說在法國，蝸牛在烹調前都已把外殼和內臟處理乾淨。最常見的烹調方式是與大蒜和牛油一起烹煮，然後把煮好的蝸牛肉和汁液放回殼裡。蝸牛一般都會用有小凹槽的碟子盛裝，以防止蝸牛在碟上滾來滾去。法國人也發明了一種專門吃蝸牛的鉗子和叉子。鉗子的外貌很像女生用的睫毛夾，彎彎的剛好扣住蝸牛，而叉子則是一條細細的兩指叉。除了用大蒜和牛油一起烹調之外，亦有類似海鮮的料理方法，把蝸牛肉與薯泥及煙燻肉一起焗烤。

有人說臺灣的蝸牛也有輸往法國，法國人也有專門養殖蝸牛供食用的。這道美食，一般是在餐廳當做前菜，平常不會常吃。臺灣的炒田螺是不太一樣的，勉強算是遠方的表兄弟吧！蝸牛在臺灣，常常是路邊的小小軟體動物，緩緩的移動腳步，在法國卻是餐廳裡的名貴前菜，可謂蝸牛命運大不同哩！

小白兔的命運

寵物或佳餚

山珍海味
各有所好

你吃的
我不吃

說到兔子，西方要屬《愛麗絲夢遊仙境》中的兔子最有名了。爲什麼呢？《愛麗絲夢遊仙境》是由英國作家查爾斯・路德維希・道奇森（Charles Lutwidge Dodgson）以筆名路易斯・卡羅（Lewis Carroll）發表的兒童文學作品。小女孩愛麗絲，從兔子洞掉進一個充滿奇珍異獸的夢幻世界，遇到各種會說話的動物。這童話自一八六五年出版以來，深受各年齡層的讀者喜愛，或許由於作者善於運用不合邏輯的跳躍方式去鋪排故事的緣故。

儘管一開始各方評論普遍不佳，稱之爲「毫無條理、一群怪人的瘋人瘋語」，但其天馬行空的故事卻意外大受歡迎，令人拍案的雙關語，以及許多首胡鬧詩（nonsense verse），惡搞當代著名的《鵝媽媽童謠》，也因此它很快便竄紅，就連當時的維多利亞女王和年輕的奧斯卡・王爾德（Oscar Wilde）都是它的忠實讀者，而出版社當然忙著加印。至今，這本書已經被翻譯成一百二十五種語言，版次過百，又多次被拍成電影。多年以來，《愛麗絲夢遊仙境》成為大量舞臺劇、電影及電視節目的藍本。

說到兔子，陪嫦娥住在月亮上的玉兔會是代表；我們也會想到「狡兔三窟」、「兔死狗烹」、「兔死狐悲」或「靜如處子，動如脫兔」這些成語故事。在法國會立刻想到拉封登的寓言故事〈兔子與烏龜〉，也就是鼎鼎大名龜兔賽跑的故事。遠在古希臘這故事就流傳民間：有天兔子與烏龜不期而遇，兔子取笑烏龜爬得太慢，烏龜就說：「那我們兩人來賽跑，看誰會先到目的地。」兔子仗著自己腿長，腳程又快，以為自己穩操勝算。賽跑途中隨便一跑，就把烏龜遠遠丟在後面，於是他找個地方睡了一覺，等他醒來的時候，早已不見烏龜的蹤影。由於兔子自高自大並且掉以輕心，結果慢吞吞的烏龜最後先抵達目的地獲得勝利。

作者拉封登（Jean de la Fontaine）是十七世紀的作家，其寓言的靈感往往來自希臘，作者在每則寓言中都有一些道德的功課傳達給讀者，他最有名的幾則寓言，在法國是家喻戶曉，甚至小朋友都能琅琅上口，比如〈蟬與螞蟻〉、〈狐狸與烏鴉〉等，〈兔子與烏龜〉也是其中的一則。隨著時空的轉

移與改變，龜兔賽跑的故事，除了原始版本（龜兔賽跑，兔子睡著了）之外，常有新的版本與新的詮釋，並且應用在職場攻略上。比如：鄭瑞國先生演繹出「龜兔賽跑新傳」（百度百科）：

1. 龜兔賽跑，兔子總結經驗教訓，理所當然的贏了。（是金子總會發光的）
2. 龜兔賽跑，起點到終點路過一條河，兔子過不去了。（核心競爭力）
3. 龜兔賽跑，距離太遠，兔子累倒了。（各有優缺點）
4. 龜兔賽跑，這次沒有河，距離也很近，兔子高興極了，兔子撞樹上了。（風險管理）
5. 龜兔賽跑，烏龜說讓我先走一公里，你永遠追不上我，兔子迷茫了。（兵不厭詐，智者勝）
6. 龜兔賽跑，兔子輸了心情不好，不利於工作，於是烏龜又找機會輸給兔子，兔子高興極了兩人成了朋友。（失敗也許就是勝利，失敗乃成功之母）
7. 龜兔賽跑，兩人合作，兔子背著烏龜跑，烏龜背著兔子過河，大家一起創造了歷史紀錄。（合作才能共贏）
8. 龜兔賽跑，兩人開始合作了，沒有了競爭對手，他倆越來越胖，都跑不動了。（競爭產生速度）
9. 龜兔賽跑，兩人找到其他夥伴，組成團隊，分組競爭，協作共贏，終於馳騁天下。（團隊的力量）
10. 龜兔賽跑，他們還想更快，於是向人類拜師學藝，學會了使用各種知識和工具，於是……。（知識的力量）

在法文拉封登的寓言中，和烏龜賽跑的兔子並不是小白兔，而是皮毛灰灰的野兔子。一般說來，西方人眼中，中國人吃東西包山包海，但好像很少吃兔子；然而在法國卻有一道菜是紅燒兔肉，算是野味，風味濃郁，但如果家裡養寵物的人，恐怕會非常不捨、食不下嚥呢！

掛馬頭賣馬肉　馬排最貴

牛肉丸竟摻了馬肉

掛馬頭賣馬肉

唯一沒有細菌的肉類有生吃的喔

近來我們國民美食驚爆許多出人意料的添加品，前一陣子也傳出，某歐洲進口的知名品牌牛肉丸，裡面竟摻入了馬肉。這牛肉丸原是很多民眾的最愛，據說業者悄悄地加入了馬肉，民眾在不知情的情況下吃進了意想不到的添加肉，許多人想起來覺得很不舒服，因爲在臺灣一般說來馬肉是沒有人吃的。

中文「掛羊頭，賣狗肉」絕對不是恭維的話，這是比喻以好的名義做幌子，實際上卻名不副實去做壞事。而在法國有一種商店，眞的掛個馬頭，裡面眞的在賣馬肉。

在歐洲的馬肉風波竟讓法國的馬肉生意再創高峰，有人甚至戲稱二〇一三年爲「馬肉年」。其實，法、德、荷蘭等國都有馬肉店。歐洲人吃馬肉的歷史，可以追溯到拿破崙時代。早在十九世紀初，法俄兩軍在波蘭交戰，在彈盡糧絕之時只好殺馬充飢。馬肉還幫助法國人度過了第二次世界大戰後經濟蕭條的歲月。二十世紀九〇年代歐洲爆發狂牛症，民衆對牛肉的恐慌使歐洲人重新掀起馬肉消費熱。

在歐洲，馬都是用純天然草料飼養，因此馬肉有利於人體吸收。不少法國人認爲，馬肉營養價值高，脂肪少、易烹飪，鐵元素和蛋白質含量豐富，對治療貧血效果很好，在法國馬肉經常被當作藥膳推薦給婦女、青少年和運動員。

法國約有七百多家馬肉店，因爲老闆年紀老邁，願意繼續經營的年輕人又少，其中半數幾乎面臨倒閉。另一原因是城市裡越來越多的孩子學習馬術，馬兒被當作「寵物」，人們不忍心吃「朋友」！如今，馬肉的消費群以年長者爲主。爲了喚起對傳統的記憶，時常可見老人帶著小孩去店裡買馬肉。有些馬肉美食家還聯手開辦網路商店，店名就叫「我的馬肉店」，提供送貨到府的服務，同時交流有關馬的訊息及馬肉烹飪知識。

吃馬肉也從貧窮和絕望的象徵變爲品質的享受。巴黎一些知名餐館，大師傅們又恢復製作馬肉佳餚，吸引外國遊客前來品嚐。每年十二月，法國都在巴黎舉辦「馬沙龍」國際博覽會，這是一次馬和愛馬者的盛會。二〇一二年的「馬沙龍」匯聚了來自全球的四百五十多個參展商和一千五百匹馬，博覽會期間，既有馬肉品嚐、馬產品展銷，也有純種馬評比和馬術表演。

對東方人來說，有道法國菜特別有挑戰性，就是法國生牛排（le steack Tartare），它原屬於小酒館（Bistrot）的菜色，近年來，由於生吃、輕食蔚爲風潮，日本料理的Sashimi，義大利料理的Carpaccio都很流行，因此現在各種餐廳的菜單上常可以看到生馬肉、生蟹肉、生鮭魚（Tartare de saumon）等等。

廚師們說，生牛排是從第五世紀的匈奴來的。匈奴飲食習慣上不會煮肉，而是生吃肉的，白天騎馬的時候，他們將肉放在騎士大腿與馬的側面，讓肉變得較嫩。因此法語的生牛排叫作「Steack

Tartare」（即匈奴牛排），因韃靼爲匈奴的另外一個名字。至於爲什麼生牛排變成法國菜，據說典故是從法國著名科幻作家儒勒・凡爾納（Jules Verne, 1828-1905）寫的小說《米榭・史托哥夫》（Michel Strogoff）來的，他也是《環遊世界八十天》的作者。此故事是特別爲了慶祝俄羅斯沙皇一八七六年來法國拜訪而寫的。在十九世紀法國飲食文化黃金時代，生活中的各種事件都會給當時巴黎廚師帶來靈感，而且很有可能他們利用小說裡面的匈奴飲食習慣，演化成當時的「文明法式烹調」的菜名。

最好吃的生牛排是手切的（haché à la main），需要超新鮮的牛肉（馬肉也可以做），把肉切成小粒，而不是機器做的絞肉。然後，肉要加一些調味：醋漬小黃瓜（cornichon）、蛋黃、酸豆（câpre）、蒜頭（ail）、細蔥（ciboulette）、香菜（persil），全部切絲，還有鹽巴、胡椒。可以再加白蘭地（cognac）與辣椒醬。有的廚師，會把肉與調味分開，讓客人自己調味，但一般來說，會先幫你調好。Steack tartare 通常可以配薯條。臺北、巴黎都可以吃到，巴黎第九區的 Café Guitry, 10 place Edouard VII，它的生牛排相當有名。

我們再把各種肉排比一比，如果同是肉排，比如牛排、豬排、羊排、馬排，其中馬排是最貴的。低脂肪、高蛋白，而且馬肉是唯一沒有病菌的肉，因此馬肉是可以生吃的。如果有機會前往法國，找個掛馬頭的店，看看馬肉長什麼樣，敢嚐鮮的人，來盤生馬排吧！

魚店不「殺」魚

魚店文化大不同

結帳以後再請店員幫忙「準備」（處理）

料理海鮮各異其趣

在臺灣，我們的魚販可以說是手腳俐落超級自動，從來我們都不需要說什麼，魚就已經殺好，而且處理得清潔溜溜，回家以後只要略微清洗，就可以下鍋了。在法國，除非是海港旁邊，其他地方幾乎看不到生猛活跳的海鮮。城裡的魚店並不多，當然到了魚店，無論客人多寡，都是循序告訴店員你要什麼魚，由店員替你慢慢服務。

店員按照客人選的魚貨，秤了重量，用收銀機列出一個小帳單交給客人，客人拿著小帳單去付錢。收銀檯通常設在魚店後段，客人付完錢之後，再去向店員取「魚貨」，這個時候就是銀貨兩訖了，一手交錢一手交貨。

拎著你的魚貨可以回家了，且慢且慢！你手裡的魚還沒「殺」呢！客人可以買回家自己殺魚，或者交給魚店由專人處理。

通常這位專人是在魚店比較後方的位置，那兒有水槽方便清洗。客人拎著付過錢的魚貨交給這位先生，這位先生一定穿著防水的大圍裙，接過魚貨仔細處理，去魚鱗、破魚肚、挖魚鰓等等，處理得乾乾淨淨交還客人，客人把魚拿去處理時，千萬不可說：「幫我殺魚。」因爲我們比較常用「殺」這個動詞，魚貨也好、鳳梨也罷，臺語或臺灣國語都用「殺」這個字，其實不過是指處理乾淨，做個烹飪的前置作業的意思。而在法文裡面，「殺」（tuer）眞的是致人於死地，或毀滅的意思，頂多可以指「消磨時間」（tuer le temps）。在中文和法文裡，兩個「殺」字，用法差很大，對學習法語的人來說要特別小心，別用錯了會嚇到法國人。

中國人做海鮮常用蔥薑去腥味，蛤蜊、蜆一類的就用大蒜。在法國買魚的時候，有時會附贈一些西式香料或香菜用來煮魚。然而在東方住過的法國朋友，都很欣賞薑這一味，他們也學著用薑來煮魚，覺得味道特別對味。

此外，我在法國朋友家看過一種專門煮魚的鍋子，有趣的是這個鍋子的形狀，是長長的橢圓型，中間兩側平行較窄，恰好放下長長的一條魚，鍋內還有一個有洞的蒸盤，兩頭有鉤掛在鍋邊，方便魚蒸熟的時候取出來。法國人有些魚的作法，就是先把魚煮熟、去皮等等，再做一個特別的醬料淋在上面就大功告成了。這長型的煮魚鍋在臺灣從未見過，在法國恐怕也逐漸式微成爲骨董了。

超大的香腸與黑、白香腸

海外僑胞伴手禮——故鄉的飲食

人類共通的飲食文化

法國特有的黑、白香腸（Boudin noir et boudin blanc）

住在海外的人一定會懷念故鄉的飲食，以前在肉品還沒有禁止輸入的年代，送海外的華人朋友常常會送牛肉乾，因爲這是故鄉才有的特別滋味。至於離鄉背井的法國友人，他們最思念的法國食物是什麼呢？是乳酪和大香腸（saucisson）。

在法國超市進軍臺灣之前，我們的法國同事就覺得生活很不方便，想吃乳酪不容易買到。曾幾何時，家樂福一家家的開，每個城市都有。連學生去到法國，第一個自己去蹓躂的地方，也是家樂福，因爲那是他們所熟悉的地方。自從有了外國超市，進口商品越來越多，外國超市賣的乳酪花樣也越來越多，可能出國的人也越來越多了，因此購買乳酪的人不只外國人而已，當然外國人的乳酪鄉愁也因此略略得到抒解。

有一種食物非常神奇美妙，走遍世界各地都有，那就是「香腸」。作法大同小異，風味卻是各

食

有千秋。撇開食品添加物不談，香腸仍然是一種價廉物美、風味絕佳的地方美食。每當我品嚐各地香腸的時候，從他們所添加的各式香料，就讓我對他們的文化充滿了好奇。

北非有些國家曾經是法國的殖民地，他們有種香腸叫「merguez」，細細的，顏色有些橘紅，香料很多、有點辛辣，蠻好吃的，有的時候夏天學生前往法國語言學校研習，除了週間在校上課，週末都會安排旅遊或是烤肉什麼的，有時這些北非國家的香腸就被選為烤盤上的食材，簡單方便又有滋味。此外在法國很容易買到其他國家的食品，像是西班牙的辣味香腸chorizo味道就挺不錯的，辣辣的、有一點點酸酸的感覺，和中國的辣味香腸雖然不同，但同樣的好吃。

至於法國大香腸也有不同的尺寸，小型的直徑約六公分左右，大型的直徑約九、十公分，長度像我們臺灣的大白蘿蔔一樣，口味也有很多種，可以用來送禮。由於法國屬於溫帶氣候，除了夏天白天稍熱，法國的氣候基本上很涼爽乾燥，因此超大的香腸就掛在廚房裡，吃的時候就切成一片一片，也就是我們在吃西式下午茶常會吃到的大香腸薄片。一般說來香腸裡幾乎看得到肥肉丁與胡椒粒，雖說有點兒肥滋滋，但風味還是十足的。以前在讀書時候的法語教材裡，看到他們把大香腸（Saucisson）當作禮物，覺得十分有趣，好大一支，活像個大蘿蔔！我們雖然也吃香腸，各地有自己的風味，但從沒見過這樣長二十多公分，直徑十公分的香腸。

另外法國有一種香腸，叫「Boudin」，「Boudin noir」，是黑色的，裡面包的是肥肉和豬血，也是法國的特色菜；至於「Boudin blanc」是白色的，裡面通常包的是雞肉或其他白肉，有的人很喜歡這一味。boudin noir常常配著馬鈴薯泥一塊兒吃，我對於所有的法國食物，唯一不是很懂得欣賞的就是這一道。

世界各地的香腸文化，往往牽動海外遊子的鄉愁。有勇氣的話不妨自己也來嚐一嚐，它的確帶給我們不同的味道和感受呢！

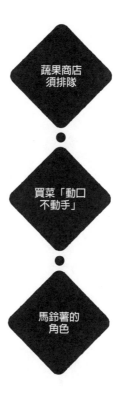

馬鈴薯怎麼買 怎麼吃

- 蔬果商店須排隊
- 買菜「動口不動手」
- 馬鈴薯的角色

法國有專賣蔬果的小攤，現在也越來越少了。當然也有專賣蔬菜、水果的店鋪，這種店鋪或小攤有個很迷人的名字，叫作「marchand de couleurs」，意思是說，這個「商人賣的東西色彩繽紛」。無論是小攤販、蔬果店，買東西的時候顧客是一定要排隊的，由老闆或是店員依序爲顧客服務，急不來的。法國人服務的次序是，一個客人服務完畢，才服務第二個客人，其他的人都很有耐性的排隊，安安靜靜的等候。亞洲人或是阿拉伯人開的小店有所不同，他們營業時間明顯的超長，到晚上十點還亮著燈光的一定是阿拉伯人。而中國人開的超市，更是讓法國人嘆爲觀止，光是收銀員的靈敏速度，就讓法國人大開眼界。

在八〇年代東南亞的華僑開的超市風行之前，水果蔬菜是不可能任由顧客自己挑挑揀揀的，然而自從華人超市開幕以來，法國人發現這些超市東西便宜、花樣繁多、服務迅速，甚至連水果都還可以自己挑選，讓他們覺得很不可思議。

在典型的法國蔬果店，至今仍然維持傳統，客人一一排隊等候服務，在店裡客人只是「動口不動手」，用嘴巴告訴老闆或店員自己要什麼，比方說：「一公斤蘋果、一公斤番茄、兩公斤馬鈴薯……。」

除非是超級市場，馬鈴薯很少會只買一個、兩個的，因為它是法國人的主食，是麵包之外的另一種主食，常常吃，吃很多，烹調方式也變化多端，有炸的（球狀、塊狀、條狀等）、煮的、烤的、做成泥狀的，也可配上碎肉、牛奶、牛油等，它是一種非常家常的料理食材，營養又美味。

舉個最簡單的例子，西洋芹菜數片、胡蘿蔔一根、四季豆數根及馬鈴薯一個，各種材料分別切成塊、四季豆切成一截一截，煮成八分熟、打碎、加上少許鹽、胡椒粉調味，這就是健康的蔬菜濃湯，夠營養、夠均衡、夠清淡，吃來沒有很大的負擔。

蔬菜從來不炒

葉類蔬菜種類少

烹調方式單一化

生菜、冷凍或蔬菜泥

法國位於西歐，屬於溫帶氣候，溫帶的蔬菜、水果比較多。當然由於自由貿易以及歐盟二十多國都使用歐元，現在也能輕易的買到其他國家或地區的水果，比方番茄、鳳梨大概都是進口的，價錢也相當公道。

來到法國的超市或是傳統市場，東方和西方最大的差異就是葉類蔬菜比中國少。像我們常吃的小白菜、山東大白菜、青江菜、空心菜、火鍋用的茼蒿等在法國本地是沒有的。然而有人的地方就有中國人，中國人又很聰明，海外的華僑會在鄰近的國家種植這些蔬菜，然後批發到中國人的超市。也有的中國人在自家的院子裡就種了這些蔬菜，有人形容得好：「看看這家院子裡種什麼，就知道住的是哪國人。」巴黎超市賣的山東大白菜就是在荷蘭種的。青江菜在中國人開的超市也可以買得到，葉片很肥、水分很多，它的名字叫「上海白菜」。

食

在法國最常見的蔬菜是高麗菜、菠菜、青花椰、白花椰、茄子、彩椒、番茄、櫛瓜及各式生菜葉等。黃瓜品種不一樣，比中國大黃瓜要瘦；小黃瓜超級迷你，比我們的小黃瓜要小許多，像一根手指大小；茄子比較圓圓胖胖的；櫛瓜味道有點像我們的絲瓜，口感比較扎實，體型比絲瓜嬌小，連皮都可吃。

最大的不同是葉菜類的烹調方式，臺灣人最普遍的方式，是用蒜末或薑絲來炒青菜，加一點油爆炒一下，現在為了健康的緣故，開始有更多人用汆燙或水煮炒。我們舉菠菜為例，這個大力水手的神祕口糧，在中國時常是用大火略炒，翠綠翠綠的就可佐餐，新進的作法是加個番茄切塊拌炒，一方面增加菜裡的茄紅素，另一方面可以去除菠菜澀澀的口感。在法國，菠菜時常都是煮得爛爛的成泥狀，裡面再加上小小的調味，鹽、胡椒和牛油，成了好吃的菠菜泥。味道雖然也不錯，但完全看不到原來翠綠的漂亮顏色，中國人通常不太欣賞菠菜泥呢！

各式各樣的蔬菜葉，在中國最家常的作法就是快炒，保持了原來的蔬菜本色。而蔬菜葉在法國最常見的作法是做成蔬菜泥，營養價值雖然還在，但顏色比較不翠綠；至於可以生吃的蔬菜就做成生菜了，蔬菜生吃就是沙拉了。

典型的法式沙拉醬是油醋醬，作法簡單，只要準備一個沙拉碗，碗底放基本調味料四或五種：橄欖油、鹽、胡椒粉、醋及黃芥末醬，各種材料的份量可隨個人口味調整，有些法國人的油醋，真的只有油和醋，這也是可以的，很簡單、很清爽、很健康。上面再放要吃的生菜，比如單一的綠色蘿蔓，或加番茄，或加酪梨也行。此外，酪梨可以一切為二，去核，將前面調好的油醋醬舀在酪梨的凹洞裡，一瓢一瓢舀著吃，當作前菜，風味絕佳，營養豐富！試想，如此清爽的油醋醬料，配上簡單的綠葉生菜，難怪在法國幾乎看不到大胖子，保持苗條身材，的確與食物以及生活方式息息相關。現在就自己動手，調一碗法國油醋，做一盤法式沙拉吧！

法式生菜與自製醬料

水果生菜可當前菜

午餐來盤綜合沙拉

法式油醋自己做

西方餐點以法國菜最有名。法國餐的次序，一般是湯、前菜、主菜加配菜、生菜、乳酪、甜點配咖啡。當然，餐前有開胃小點心配餐前酒，餐後還有幫助消化的「消化酒」，像是法國白蘭地。不過絕對不是每餐都有這麼多時間花在餐桌上。有的時候生菜也可當作前菜，我們在此舉一、兩個前菜爲例。

夏天在法國南部，無論西南部或東南部，都有很多的哈密瓜。在盛產的季節，買個香香的、黃澄澄的哈密瓜，一切爲二，每人半個，直接食用；或在凹洞的地方倒些紅酒，用小茶匙挖著吃，這就是一道簡易的前菜。

葡萄柚也可當前菜，每人半個，若嫌太酸，可以撒點白糖粉，各人再用自己的刀子沿著葡萄柚皮輕輕割一圈，裡面輕輕切成十字形狀，然後用小茶匙挖著吃，這也是一道簡易的前菜。

綜合沙拉

食材

沙拉綠葉、番茄
洋蔥、玉米罐頭
鮪魚罐頭或煙燻鮭魚
橄欖、乳酪丁等

法國油醋製作方法

橄欖油、醋、鹽、胡椒粉、黃色芥末醬適量，攪拌均勻，放在一個小碗或沙拉碗中。法國油醋如果製作的份量較多，可以放在玻璃瓶存放在冰箱冷藏，每次用清潔、乾爽的湯匙取用即可。存放一個月沒有問題。

酪梨，也可以當前菜。買酪梨的時候，要選油亮油亮的，差不多要等酪梨皮變成深紫色的，才算是熟透了。先將酪梨一切爲二，取出果核，每人半顆。吃法有兩種，甜的或鹹的，吃甜的就是加細砂糖；鹹的就是用法國油醋，我覺得配法國油醋味道很搭。

當然也可以用番茄、酪梨兩種食材做成生菜，可當前菜。番茄是艷紅的，切成塊狀，酪梨是翠綠的，用小茶匙一瓢一瓢舀出來，紅配綠，好看極了，配上油醋，就成了色香味俱全的前菜了，眞是美容養顏呢！

臺灣的天氣屬熱帶和亞熱帶氣候，目前可能由於環境汙染、溫室效應的緣故，天氣有越來越熱的趨勢。天氣這麼熱，吃些什麼好呢？看看在法國，午餐他們吃什麼？天熱的時候，當然沒有我們這麼熱，法國夏天很熱但很乾燥，感覺上好過一點。他們中午可能在咖啡店點一盤綜合沙拉。我們介紹的綜合沙拉在臺灣也可以在家裡輕鬆製作。

如果綜合沙拉裡面加上米飯，就成了好吃的「尼斯沙拉」。自己動手做，可以輕鬆享受夏日輕食！

法國乳酪超過三百六十五種

- 不可一餐無乳酪
- 羊奶、牛奶的製品
- 藍色黴菌的乳酪
- 還有乳酪火鍋哩

乳酪在法國，號稱超過三百六十五種，每天換一種，天天都可吃不同的乳酪。正餐可以吃，法國人午餐的三明治，中間夾的也常是乳酪。即使生活困頓的街友，有了一點錢，也會買乳酪Camenbert、紅酒配麵包。這三種食物配在一起還眞的很對味，說它是一種非常簡單的人間美味，絕不爲過。

法文有句諺語說：「Un repas sans fromage est comme une belle jeune fille qui n'a qu'un œil.」（一餐沒乳酪，就像是個獨眼龍的美女。）意思是說，再美味的一餐，少了乳酪，還眞是美中不足，至爲可惜呀！

乳酪在法國文化中，有點像中國文化裡的豆腐。一個牛奶竟然可以發展出千百種的乳酪，牛奶可以做、羊奶也可以做，發酵的時間有長短，酵母也不同，因此每種乳酪的味道濃淡也不一樣，賣到臺灣的「笑牛牌」（La vache qui rit），味道很溫和，一般是給小朋友吃的。

法文的名詞有陽性與陰性之別，法國所有的乳酪都用陽性，因爲乳酪（fromage）這個字是陽性，所以我們說「le camenbert，le brie，le gruyère」等等，「le gruyère」就是小老鼠愛吃的那種有洞的乳酪。

爲什麼我們說：「乳酪在法國就像豆腐在中國一樣？」那是因爲豆腐有一般的製作方法，但各個廠商都有獨家配方，豆腐也因此千變萬化，在法國曾經有越南華僑把豆腐干拿去「申請專利」，這眞是新聞吧！他們做的豆腐干，活像個小枕頭一樣，大約長八公分、寬五公分、高四公分，這眞是前所未聞！當然後來去法國的華僑來自四面八方，也都有各自的豆腐干作法，因此法國的豆腐干，不再只有「小枕頭豆干」一款而已。

有一種乳酪味道較濃，上面有藍綠色的黴菌，它是可以吃的，喜歡吃的人覺得很香，很夠味道；就像我們的臭豆腐，欣賞的人也覺得好香好香，香得令人無法抗拒。

我們冬天常吃火鍋，臺灣甚至夏天也有人吹著冷氣吃著火鍋。法式火鍋也有好多種，有一種叫「Raclette」的乳酪火鍋，它是用Raclette這種乳酪，融化成漿，再用麵包丁蘸這種融化的乳酪吃，通常配的是煙燻火腿肉（Jambon auvergnard），它是中南部Auvergne地方的特產，此地火腿非常有名，這種火腿肉，買來直接切薄片就可以吃了。在我們東方人的認知裡，它好像感覺上是生的，但法國人認爲它是煙燻的、是熟的，可以直接吃。嗯，味道還不錯。

到了法國可能還是要學著吃乳酪，才不會錯過法國生活裡重要的一種美味食品，尤其他們幾乎每天，每餐都在吃，做菜時也會用，就像法國人到了臺灣或中國，懂得吃豆腐的話，他們的生活會更加豐富。

神奇鴨油

北京烤鴨VS橘子鴨

鴨胗可入前菜

鴨油（confit）是好油

中國菜在西方人心目中最有名的是北京烤鴨（Canard laqué），這種鴨子是關著養，早期還固定時間強行餵食，一方面鴨子活動的空間很小，免得消耗體力，另一方面久而久之鴨子也就失去自己進食的能力。北京考究的烤鴨店上菜的時候，還附上一本專屬這隻鴨子成長的「鴨子護照」，爲了表示「系出名門」，上面還有獨一無二的編號，但這種方式，讓吃鴨子的老饕往往覺得有點不是滋味！

法國鴨子的地位與重要性也不遑多讓，在法國，他們有鼎鼎大名的鵝肝醬，當然也有鴨肝醬，尤其在法國西南部，鴨子料理頗富盛名，是餐桌上的必點佳餚，除了鴨肝醬之外，橘子鴨也是一道非常好吃的法式鴨子料理。

法國西南部很多農家都有飼養鴨子，而且用自家的配方，製作鴨肝醬及相關產品，有用玻璃瓶裝的、也有用罐頭密封的，法國人送朋友的尊貴禮物，常常就是鵝肝醬或鴨肝醬，買來的或是自家製作、委託廠商裝罐的，眞是「情重禮也重」，哪怕中等的一罐，少說也有五百公克，再來其他幾罐相關產品，霎時間就好幾公斤了。

西方人好像不太吃動物內臟，但也不是絕對不吃。法國西南部的菜色以味道濃郁著稱，鴨胗精心處理就可以當前菜，配上當令的時蔬，吃之前用燒熱的牛油淋在時蔬上面，油亮亮、香噴噴的，眞是開胃！

特別値得一提的是鴨子油，法國人有油封鴨腿這道菜。在古時候沒有冰箱的年代，人類也還是很聰明的。有的人用鹽醃製食品，法國人有一種方法，是用煉出的鴨油將鴨肉完全浸泡在其中，再以文火慢燉數個小時，鴨肉是由鴨油完全浸透、慢慢煨熟的，這樣的油封方式，可以儲存很久，吃的時候再取出煎熱，逼出裡面的鴨油，這就是油封鴨腿，法國西南部的名菜。

鴨油在法國可以買到現成的，或者自己用鴨子肥油來提煉，像我們平日熬豬油一樣，它除了可以油封鴨腿之外，也可以用文火來煎其他的食物，做出的食物，不僅很香，而且鴨肉中的脂肪含量適中，約爲百分之七點五，比豬肉低，並較均匀地分佈於全身組織中。脂肪酸主要是不飽和脂肪酸，對身體沒有害處，這實在超出我們的想像。有報導說，法國西南部的加斯科尼（Gascogne）地方，也就是現在的Landes和Gers，當地人很少患心臟病，原因可能是他們慣用鴨油、鵝油做菜。我曾去過這些地方，當地的菜看起來油滋滋的，的確很香也很美味。很多人家都會自製鵝肝醬或鴨肝醬，送禮自用兩相宜。

經實驗證明，鴨油的膽固醇相對其他動物油含量比較低，遠遠低於其他動物油脂，是動物油中比較利於人體健康的。由此可見人類還是很聰明的，上天所造的萬物，都有它的貢獻，鴨子在中國、在法國都貢獻良多呢！

鵝肝醬（Foie gras d'oie）或鴨肝醬

法國西南部名菜

鵝肝哪裡來

送你一罐自製鵝肝醬

鵝肝醬配香檳

歐洲人將鵝肝與魚子醬、松露並列為「世界三大珍饈」。提到法國美食，大家一定立刻想到法國著名的料理鵝肝醬（foie gras）。由於成本問題，鴨肝很多時候成為了鵝肝的替代品。

相傳約在公元前二十五世紀，當時的埃及人已經發現鴨、鵝可以不停的餵食，而生出肥大的肝臟。其後鵝肝傳至羅馬帝國。隨著四世紀羅馬帝國的衰亡，鵝肝這種食物也幾乎失傳，只有猶太人保留下來，直至十六世紀傳回法國，並發揚光大。目前法國佔全球鵝肝產量百分之八十以上。此外，匈牙利、保加利亞，分別名列第二與第三位。

養殖者先直接除去雌性雛鵝或鴨，認為其肝臟不適宜製作該菜餚，剩下的雄性被侷限在狹小的空間飼養，約十四星期後開始強迫灌食，為期二至四星期，每日二至三次，使用管子將特別調製的粟米漿直接灌入其食道。因此大量的脂肪在其肝臟囤積（即脂肪肝），最後生出肥大的肝臟。而這種行爲受到很多保護動物的人士所批評。雖然肥鵝肝的取得飽受爭議，但當人們第一次品嚐鵝肝的時候都會被那入口即化的美味深深吸引！

鵝肝一般重量大約爲七百至八百公克，鴨肝則爲四百五十至六百公克，通常鵝肝醬會混合其他家禽的肝臟，所以鵝肝成份比例越高，其價格就越昂貴。

由於鵝肝成本高昂，一般法國人通常只會在大節日，比如聖誕節或新年才享用。鵝肝會被切成塊狀煎香，或將鵝肝醬配麵包食用。

通常，鵝肝的烹調方法有許多種，餐廳中最常見的是「半熟鵝肝」（mi-cru），這種製作方法簡單，成品容易保存。大致程序是：冷凍整付鵝肝，去掉裡面的纖維，用手掰碎，加入牛油、鹽等調料，用錫箔紙包好（呈火腿腸狀），放在裝了水的烤盤內，烘烤半小時左右，拿出放入冰箱內待用。

而煎鵝肝需要掌握非常好的火候，否則，結果可能鵝肝會縮得很小和出很多的油。因爲這種方式烹飪鵝肝很不容易掌握，所以一般在餐廳裡，煎鵝肝會比半熟鵝肝貴很多。還有其他的鵝肝製作方式，例如用香料烤鵝肝，這種鵝肝口味較重，比較香。

一般在吃鵝肝的時候，會撕一小塊麵包，放上鵝肝醬，或者，加上特製的紅酒洋蔥。鵝肝在法國菜裡面屬於前菜，修長的酒杯，盛著淡黃的香檳酒，很有氣氛的。

昂貴的鵝肝醬不耐保存，極易被黴菌侵蝕。大多數鵝肝醬商品中含有大量鵝油防止腐敗。而鵝肝醬一旦開啓必須在五天左右吃完而且必須密封保存，否則容易變質腐敗。

許多動物保護組織的人認爲，這種從過份餵食的鵝取肝的方式是對鵝的殘忍虐待，因此發起拒吃鵝肝的運動。二〇〇六年，美國芝加哥曾禁止生產及售賣鵝肝，直至二〇〇八年因爲禁令備受批評而被撤銷。二〇一二年七月一日起，加州成爲全球首個全面禁止售賣及食用鵝肝與鵝肝製品的地區。

馬賽皂和海鮮湯

馬賽皂

法國第二大都市——馬賽、里昂並列

很像「沒有米的海鮮粥」

馬賽皂（Savon de Marseille）是一種清潔能力很強，用於身體保濕的肥皂。它是通過精煉植物油以及氫氧化鈉進行皂化反應得出的產品。原爲手工製作。傳統馬賽皂的一項必要指標，就是它必須含有僅從橄欖油中製得的百分之七十二的脂肪酸。

在十七世紀，法國的路易十四規定了這種肥皂的製作標準。到了十九世紀，馬賽地區擁有九十家製皂廠，盛極一時。一九一三年其產量達到十八萬噸，攀上巔峰。一九五〇年以後，各種清潔劑的迅速發展則使得馬賽皂逐漸式微。

「馬賽皂」如今已經成爲普通名詞，並不是指產品的原產地。在臺灣我們一般用的深土黃色洗衣肥皂——南僑水晶肥皂就很類似「馬賽皂」。這種肥皂去汙力強，開刀房洗手也是用這種肥皂，殺菌力強，而且並不會傷手。連小嬰兒洗澡也可以用它。

從二〇〇三年三月起，該製作流程被法國清潔品、維修品和工業衛生用品協會作爲一項標準記錄在案，受到法國財政部保護。該項標準確定了基於歷史的各項生產流程步驟，包括混合材料、熟化、除雜、清洗以及清理晾乾，還要求產成品必須至少含有百分之六十三的脂肪酸。

其實，這個「馬賽皂製作標準」還限制了添加劑的種類，特別排除了表面活性劑的使用。添加劑必須按照關於市場中化妝品、清潔用品和盥洗用品的歐盟規格來使用。這項標準的推出，讓純淨的馬賽皂與其他產品區別開來，也就是無色素、無香料、無添加劑三大特點。但是在馬賽，並不強制要求所有的生產商都按照這個命名要求來生產製造。這個命名只是說明了製作中的皂化過程很有「馬賽風格」，那就是一種利用腐蝕性強鹼發生化學反應來進行生產的流程——勒布朗流程，利用這種生產流程製造的都叫做「馬賽皂」，並不僅限於馬賽地區。

如果你問法國人，法國的第二大城市是哪裡？里昂人一定說是里昂；馬賽人一定說是馬賽。答案或許都對，看法不同而已。

因爲馬賽的確是法國第一大港和第二大都市；但是就政治、經濟層面來看，里昂自古以來就有其重要性，因此兩個答案都對。

在法國除非住在海港，不像臺灣四面環海，天天能夠吃到生猛海鮮。馬賽有道海鮮湯，非常像我們的海產粥，但是沒有米飯而已，裡面有各式各樣的魚、蝦、蟹，這道「馬賽海鮮湯」，早期是希臘人欣賞的魚湯，看漁夫當天釣到什麼魚，各種魚鮮煮在一起，就成了相當美味的馬賽海鮮湯。可見不同的地方，烹煮海鮮時，竟然也有同樣的巧思。

吃飯時說什麼

慢慢吃，怎麼說

吃飯時要說「Bon appétit」嗎

吃飯時該談些什麼

老天爺很公平，每人一天二十四小時，人花在餐桌上的時間可是不少。當然要看你從事的是哪種工作，臺灣有的醫師病人太多大排長龍，吃飯都是速戰速決，甚至於只用幾分鐘就匆匆填飽肚子，他們也沒有時間運動，這種醫師的體型，通常白白胖胖的，一看就知道是忙碌又缺乏運動的人。

法國人花在餐桌的時間，一般顯然比我們要長許多。哪怕開車出去旅行，午餐的時候他們也會坐下來好好用餐，午餐不一定喝酒，因爲要繼續開車，但飯後來杯咖啡是一定少不了的。

坐下來吃飯，中國人說：「食不言，寢不語。」時代已有很大的變化，恐怕很難看到安安靜靜吃飯的景象，否則也會覺得有些奇怪吧！通曉中文的外國朋友對某些中文用詞最感興趣，像是「慢慢吃」，他們會問法文應該怎麼說？其實，法文根本沒在說「慢慢吃」，因爲中文的「慢慢吃」，是因爲吃到一半，有人必須要離席，所以會客氣的說：「請慢慢用」。

吃法國餐的時候，一般在餐館，或是被邀宴在家中作客，開始用餐的時候，大家會互相說：「Bon appétit!」（祝你好胃口！），這種祝福語也很實在，的確吃飯的時候要有好胃口，吃得下，吃得開懷是很大的福氣。「Bon appétit!」在一般的情況下都可使用，不會失禮，但是，在非常嚴肅重要的場合，比如國宴，每個賓客只管優雅的坐著，等待別人替你服務，不會互祝「Bon appétit!」讓你胃口大開，國宴場合大家都要裝腔作勢一點，法文裡有個字很妙，叫「snobisme」，noble 是貴族，snob 是指不是貴族，卻附庸風雅，因此吃飯的時候只能淺嚐即止，絕不可以大快朵頤了！

西餐館和中餐館最大的不同，是在西餐館裡，大家雖有交談，但是輕言細語。而中餐館裡，呈現的就是不同的氛圍，高聲談話，歡樂敬酒。

到底吃飯的時候該談些什麼呢？中法文化又有所不同，要想交流愉快，平日就要做功課了。在法國，千萬別問太隱私的事情，比如年齡、婚姻狀況、房產、薪水等等，宗教、政治尤其是禁忌，除非對方主動提及，聽聽就好，也無須接續話題。因爲宗教與政治，都是非常主觀的，談到激動處會讓人血脈賁張，氣到心臟病可就不好玩了。當然天氣、環境、運動等等是穩妥的話題，平日如果所知有限就會辭窮了！

無論吃什麼，說不說「Bon appétit!」，都要祝福你用餐愉快，大快朵頤，吃飯皇帝大，是一件非常重要的事，要認眞對待。

晚餐後喝杯茶

咖啡或茶

黑茶或白茶

香草茶葉或茶袋（Infusion ou Tisane）

法國以前有一種行業，叫「droguiste」，他們專賣各種藥草，算是草藥師吧，有的小說裡就有寫，像是季歐度（Jean Gireaudoux）的劇本插曲《Intermezzo》，裡面就有一個草藥藥師，有時市井小民也會去他們那兒「拿藥」，因爲這些都是天然植物，不是藥卻有療效。這和我們民間的草藥師傳有點不謀而合。法國和中國一樣，認爲許多天然植物都有療效，可以治病。古早的時候，掛牌「Droguerie」，意思是還兼賣各種家用五金雜貨。現在這樣專門販售各種香草的店，負責調配香草的，通常被稱爲「香草師」（Herboriste）。

法國喝咖啡的人口顯然比喝茶的人口多，一般人早餐都喝咖啡；認識東方朋友的法國人，他們或許比較懂得喝茶。

我們的紅茶，他們叫黑茶，另外還有一種白茶，對東方文化比較瞭解的，會知道還有綠茶、烏龍茶、普洱茶等等。

喝咖啡或茶，他們一定用有柄的杯子，典型的法式咖啡杯不大，算是小的，義大利式的咖啡Expresso，杯子更小，通常只有70cc，但味道更濃郁香醇；大杯的是所謂的美式咖啡，大而無味是一般人的印象與風評。

晚餐吃得很從容，常常吃到九、十點之後，有的法國人仍然習慣來杯咖啡，也有的人會來上一杯泡的茶，叫作「Infusion」或「Tisane」，常是做好的茶包，或是直接用一片片葉子泡成。一般人最常喝的有法國菩提茶（Tilleul）、馬鞭草（Verveine）、薄荷茶（Menthe），這些茶通常都有安神的作用，是天然的安眠劑還很好喝，不習慣的話，可以加白糖或蜂蜜。寒冷的冬天，飯後端杯熱茶，輕鬆的閒話家常，不用擔心會睡不著。記得有一次有學生來法國找我，晚餐後我請他們喝法國菩提茶，聊著聊著，大概他們白天東奔西跑，行程太累，他們說：「老師，你的睡覺茶太有效了。」自此之後，如果有人有睡眠的困擾，我一定介紹他喝法國菩提茶。

各式杯子的用途

杯子的故事

玻璃杯（verre）喝水或飲料

陶瓷有柄的杯（tasse）喝咖啡或茶

各種酒有專用的酒杯

南臺灣高雄有家「杯子咖啡」，名氣非常響亮，在高雄經營多年，其最大的特色是滿屋的杯子，各式各樣不同造型的咖啡杯，這邊最特別的一點就是只要在店內點飲品，就可以從各式各樣的咖啡杯中，挑選自己想使用的杯子，記得預先告知店家。這家咖啡館經營得很有特色，雖然地點在巷弄裡，生意仍然非常好，歷久不衰，而且盛名遠播。

中國人說的茶杯，雖有各種不同的材質，喝咖啡、喝茶、喝水等都可以用它。然而在法國，玻璃杯用來喝水、喝一般的果汁飲料或威士忌；有柄的陶瓷杯子則用來喝咖啡或喝茶。不同的杯子的確有不同的用途，法國人似乎比較考究一些。

玻璃杯的學問也大了，各種形狀也有考究的。喝香檳，通常使用細細長長的高腳玻璃杯，喝一般紅酒使用大口玻璃酒杯，至於餐後喝的幫助消化的酒，比如喝白蘭地，它的杯子略小，尤其是杯口也比較小，因爲白蘭地的酒精度數通常約四十度左右，他們是握在手裡慢慢品味，繼續聊天，太大的開口，酒味很快就消失了。

歐洲最愛喝啤酒的是德國人和比利時人，有些啤酒還有特製的啤酒杯，代表他們的品牌形象。如果用普通的杯子裝啤酒，身價馬上大跌，這就如同醫生沒穿白色醫師服，專業的感覺也會差很多。

在法國就連喝咖啡的杯子也有大小之別，典型的法國Expresso，杯口直徑約五公分左右，夠秀氣了。喝義大利式的Expresso，杯口直徑絕對更小。至於美式咖啡，在法國指的是「大杯」的代名詞，通常是不太懂得喝咖啡的人喝的，這美式咖啡杯子口直徑，與我們臺灣的馬克杯差不多大。這小小的咖啡杯裡，乾坤還多著哩！

法式用餐一道道上

湯、前菜（冷或熱）、主菜、生菜、乳酪、甜點咖啡

要不要為別人夾菜

要或不要直說無妨

歐洲除了法國，瑞士和比利時也都有部分人口說法語，吃的也是西餐，但典型的法式西餐上菜可是一道一道的，其他的法語地區就不一定如此。

正式的法國餐次序如下：湯、前菜（冷或熱）、主菜、生菜、乳酪、甜點咖啡。如果有冷的開胃菜會在上湯之前送出，否則先上湯，再吃前菜；然後是一道主菜，通常是肉類配蔬菜，然後吃沙拉，可簡可繁；之後上乳酪盤，即使在朋友家中作客，乳酪也至少有三、五種，在鄉下餐館可能有幾十種，用矖東西的籮筐放在牛車上，作爲一種裝飾，看起來眞是質樸豪邁；然後是甜點配咖啡。

法國甜點非常好吃，甜度很高，每種甜點都有名字，舉例：chausson、éclaire、religieuse 這三種小甜點在法國是家喻戶曉的甜點，雖然麵包店師傅也會做，老饕會告訴你，買甜點還是去點心店，因爲他們做得比較道地。「chausson」長得很像一隻毛線織的嬰兒襪，裡面包的是蘋果泥餡料，一般被翻作「千層蘋果派餅」；「éclaire」是種長條狀的泡芙，有各種口味的，法國最常見的是咖啡、巧克力、香草口味，很多人喜歡吃這種點心，它是種很單純的美味，在法國很受歡迎，在臺灣的法式糕餅店，臺灣人也很喜歡，而且研發出許多新口味，「éclaire」通常被翻譯成「閃電泡芙」，因爲它與閃電是同一個字；至於「religieuse」的模樣就更加傳神可愛了，它是一個雙層泡芙，一個小圓球站在另一個大圓球上，兩個球體之間還擠上一些奶油，遠遠望去，像是中世紀時修女的背影，穿著長長的裙子，頭上圍著頭巾，一般被翻作「修女泡芙」。chausson、éclaire、religieuse 這三種小甜點，它們的法文名稱比中文的名稱更爲生動有趣。

法國人喜歡在家宴請親朋好友，他們覺得這樣更有誠意。而臺灣可能是由於天氣較熱，外食大宴小酌又超方便，因此越來越少的臺灣人會在家裡宴客，如果有的話也眞是情誼特別深重。

臺灣人說：「吃飯皇帝大」，是說吃飯的時候眞的不要打擾別人。中國人與法國人餐桌禮儀最大的不同，中國主人爲了表示誠意，一定努力爲客人夾菜，滿滿一盤，有時客人吃也不是（可能吃不下），不吃又怕得罪主人；在法國，即使菜餚傳到你手裡，也萬萬不可冒然替別人夾菜，你可以很尊重的手捧著菜餚，讓坐在旁邊的客人隨他自己的意思夾菜，確定自己要夾多少，否則會讓大家爲難。

另外還有一點很大的不同，中國人說話向來顯得很客氣。法國人每道菜都會上兩次，看看是否有朋友需要加添，如果需要，一定要說：「好，謝謝！」如果不想再加添，也必須明白的說：「不要了，謝謝！」

當我們對法國文化還不是很瞭解的時候，有的人會笑著說：「謝謝！」大家都是中國人，可以聽得明白這個謝謝是代表「要」或是「不要」，但對法國朋友來說，我們一定要明確的回答，否則，他們沒辦法瞭解我們的表情。

當然餐桌禮儀百百種，基本說來，要誠懇、優雅、大方、禮讓……不懂得並不丟臉，觀察一下，也可以問主人，比如乳酪如何切，順便還可交流文化的不同。

還有中法餐桌禮儀，他們用刀叉，我們用筷子，還沒吃完，刀叉「八字型」放在餐盤上；吃完了就放成「平行狀」，這樣子，收盤子或換盤子時就一目了然了。

法國人最愛的三明治

三明治基本款

法國人的最愛——牛油火腿三明治

牛油火腿三明治DIY

原來三明治的這個字起源於英國，Sandwich原是英國一個地名，當地有一位名叫蒙泰格（John Montague）的Sandwich四世伯爵，嗜賭成命，終日流連在牌桌上。一七六二年，有一天玩牌玩到不願下桌，於是特地請僕人做了一個夾著肉片的三層麵包，就在牌桌上邊打牌邊享用，既方便打牌，又不會弄髒手，這個聰明的點子很快就流傳開來，其他人便要求要吃「the same as Sandwich!」（和三明治吃一樣的！），三明治這個字便因而誕生。

在法國目前三明治也越來越流行，原因很多，以前法國人花很多的時間在餐桌上，平均一天一小時二十二分，現在只花每天三十八分鐘，因此一般上班族希望縮短午餐用餐時間，早一點回家，因此午餐就用快速的三明治解決了。

法國每年消費七億到八億多個三明治，而且每年正以百分之八的驚人速度成長，他們還在巴黎

火腿三明治

食材

法國棍子麵包
牛油少許
火腿肉數片
沙拉葉數片
番茄切薄片

作法

1. 法國棍子麵包切成約二十公分長短一節。
2. 由側面中間剖開。
3. 塗上一層牛油（有鹹味的更好吃）。
4. 鋪上沙拉葉、番茄薄片。
5. 夾上火腿肉片即大功告成。
6. 也可加上一層乳酪。

舉辦「三明治大展」，除了傳統的法式、英式、美式口味外，也逐漸接受來自世界各地的異國風味三明治，這塊三明治的大餅還在逐漸擴大中。

臺灣人心中的三明治大概是超商販售的，多半是三角形，用土司麵包製作的三明治吧！法國人吃三明治普遍嗎？當然，三明治就是他們帶的簡易午餐或者野餐。有一次我從一個法國朋友家離開，要搭火車前往另一個朋友家，有幾百公里的車程，我可愛的法國朋友非常體貼，說要給我帶「三明治」路上吃，朋友爲我準備了好吃道地的法國三明治，我專心看法國朋友製作三明治的過程，也牢記朋友珍貴的友誼，在火車上吃午餐時，想起了法國短篇小說之王莫泊桑（Guy de

Maupassant）寫的〈羊脂球〉（Boule de suif）。一邊享受法國朋友的愛心三明治，一邊在腦海中複習〈羊脂球〉中精彩的場景，坐在橫度法國的火車上，心中充滿了對這短篇小說之王的佩服，莫泊桑眞是筆力萬鈞，作家筆下描寫的場景好像仍然歷歷在目。

美國式的漢堡早已進軍法國，連法國也有自己開的速食店，名叫「Quick」，然而法國人對法式三明治卻情有獨鍾。法國三明治的基本款就是約二十公分長的棍子麵包一節，側面從中剖開，喜歡的話塗一層牛油，夾上番茄片、沙拉葉子，再夾一些家中現有的乳酪、火腿肉就大功告成了。三明治外包裝很有意思，臺灣通常會用塑膠袋來包裝，或是用紙袋；法國一般會用錫箔紙，一個一個的三明治包成銀灰色的大香腸一樣，吃起來的感覺好像也不太一樣，我覺得錫箔紙包的好像比較有法國風味，這也可能是心理作用吧！

法國人最愛的口味就是牛油火腿三明治，這可是所有三明治中的第一名，作法相當簡單。

這是法國人最愛的一味，每年的消費量相當驚人，簡單易做，不妨做一個來嚐嚐，帶個法式三明治去野餐。

法國三餐時間　晚餐吃到很晚

早午晚餐
兩套說法

法式下午茶
Goûter

沒有宵夜，
因為法國人
已經吃到
三更半夜

在法國三餐的說法有兩種，早餐、午餐、晚餐，一般叫作「Petit- déjeuner, déjeuner, dîner」；而早餐、午餐、晚餐，還存在另一種說法，叫作「déjeuner, dîner, souper」。Souper可說是晚餐，或指晚上吃的餐點，或在比利時、加拿大、瑞士的法語區，他們可能用「souper」表示晚餐。

法國三餐的時間，早餐與我們都市裡差不多，上班族除非是彈性工時者，他們吃早飯的時間可能比較晚，在法國採取彈性工時的企業還蠻普遍。有一點和我們非常不同的是，臺灣尤其在都市裡面，越來越多的人都是在外面買早餐，普遍買了早餐拎了就走，很多人都是帶著早餐去學校或辦公室享用，因此臺灣的早餐店越來越普遍，口味變化很多，價錢也超級便宜，因此在家裡吃早餐的人也越來越少了，這是臺灣特有的現象。

對上班族來說，法國的午餐時間和臺灣應該沒有很大的差異，有一點類似的是，越來越多的人，爲了節省時間或者健康的緣故，可能自己帶點輕食，或者到咖啡店簡單解決午餐問題。

至於晚上用餐的時間，法國與臺灣相去甚遠。臺灣在鄉下，晚餐時間可能會早到下午五點多鐘，因爲務農的人，至今日出而作，日落而息。臺灣一般都市裡的人，多半正常晚餐時間約在六點半到七點左右。很多人七點鐘已經倒完垃圾，開始晚餐後的散步了。

在法國這是絕對不可能的事！即使在學生宿舍，晚餐時間也是在七點四十分左右。記得剛到法國讀書的時候，到了晚上六點多，一群臺灣女孩坐在一起，等什麼呢？就在等晚餐，因爲我們還不習慣法國的三餐時間。

法國至今仍然每年實行夏令節約時間，由於夏天日照變長，時鐘又刻意的調慢一小時，因此夏天到了晚上八、九點鐘，天空還亮亮的，太陽還有餘光，感覺非常舒適，大家都還流連戶外，覺得一天還沒有過完。法國地處溫帶，四季分明，夏天是一個晴朗愉快的季節，他們喜歡在室外多逗留一會兒，盡情享受這夕陽餘暉，因此晚間七點半的時候，他們可能還在喝下午茶，因此晚餐通常在八點半左右才開始。

法國有宵夜嗎？答案是沒有的。因爲法國人吃飯很晚，比如八點半開始吃，一道一道上，而且慢慢聊天，每道菜上兩次，再換盤子，等到吃甜點喝咖啡時，很可能已經是十點半鐘。法國的客廳與飯廳往往是緊鄰的兩間房，吃完晚飯不是立刻擦擦嘴就走人，得先回客廳，小坐片刻，等到起身告辭在玄關處又要和主人寒暄表達謝意，因此，在法國人家作客，近十一點才離開是很有可能的事。

由於午餐和晚餐之間隔的很長，大約相隔七、八個小時，因此四點左右是需要吃點東西補充體力，這是法國的下午茶時間，叫 goûter，這字當名詞是「下午茶」，當動詞是「吃下午茶」或「品嚐」的意思。

法國人在家請客比臺灣人在家請客普遍多了，當然如果時間有限，大家只是連絡一下感情，法國人可以請你喝下午茶，下午茶時間，約從四點左右開始，夏季在鄉下可以到七、八點，之後各自散去回自己家晚餐。下午茶的內容，也是因人而異，可簡可繁，或許它是朋友打橋牌的小聚，也或許是晚餐前的開胃時間，大家喝點威士忌、馬丁尼、果汁，吃點花生米、腰果、小鹹餅乾……下午茶最大的特色，就是法國人品嚐小點心、喝點開胃酒，慢慢享受午後的陽光。

甜點很甜　法國人不胖

點心要在 Patisserie 買

甜點都有可愛傳神的名字

畫龍點睛甜點為盛宴畫下圓滿的句點

法國麵包店比我們臺灣的饅頭店還多，因爲麵包是他們的主食，天天吃、餐餐吃，而且他們喜歡剛出爐又美味的麵包，因此法國的麵包店非常多，大城小鎮一定有麵包店，一般人麵包還是在店裡買，因爲法國棍子麵包，外皮硬硬脆脆，裡面鬆鬆軟軟，排隊買麵包，剛出爐的麵包散發出老麵發酵的味道，聞著就有一種幸福的感覺。有趣的是，法國麵包店在暑假年度休假的時候，店門口就會掛一塊「年度休假」（Congé annuel），似乎各個店家之間也很有默契，一定是輪番休假，即使放暑假，還是買得到麵包。

麵包店一定有賣各式麵包與甜點，麵包店叫作「Boulangerie」；糕餅店叫「Patisserie」，兩種店都可買到甜點與麵包，法國朋友很懂得吃，跟我說，甜點還是應該去「Patisserie」買較好。其實這點在臺灣也是一樣，雖然麵包師傅也會做甜點，甜點師傅也會做麵包，然而麵包師傅和甜點師傅是各有專攻呢！

臺灣自從吳寶春師傅在法國獲得麵包冠軍以來，學做西式麵包的人也越來越多，生意也越來越好。法國西點和臺灣西點最大的不同是，法國西點非常甜，基本食譜的材料，用的是牛油，很多食譜牛油、糖分、麵粉的比例甚至都相同，的確相當好吃，但是眞的很甜很甜！

法國甜點還有一項特色，每種點心都有一個名字，有的點心還有一個小小的典故，比方說「瑪德蓮」（madeleine）。有種說法是一個名叫「瑪德蓮」的女孩，在公爵家中臨時代班大廚師，但她只會做鄉下老祖母的古早味——一種貝殼形的小蛋糕，沒想到這種蛋糕深受公爵讚賞，因此小蛋糕被命名爲「瑪德蓮」。

近年來流行的馬卡龍（macaron），似乎在亞洲比在法國還更加流行，「macaron」的意思是「少女的酥胸」，馬卡龍走紅，可能和它曼妙的名字有些關聯。

法國餐是一道一道吃：前菜、湯、主菜、生菜、乳酪，咖啡和甜點，晚餐或是請客的時候，道數比較多，中午或是時間較趕的時候，可能就是其中的一部分而已，但甜點這一項，無論大宴小酌或簡餐，餐後來個甜點，好像爲美好的一餐畫下一個圓圓的句點。

我們一定有個疑問：法國甜點那麼甜，吃那麼甜很胖吧？在法國很少看到大胖子，可能的原因有好幾點：

法國人吃飯時間很長，一道一道慢慢吃，慢慢聊，屬於細嚼慢嚥吧。

法國人走路很多，走路十分鐘的地方，距離算是很近，一定用走的。

法國人吃飯，道數很多，但量不多，很均衡，配一杯紅酒，對心血管還很有幫助呢。法國人喝酒，從來不乾杯，因此法文裡沒有乾杯的說法，喝酒的時候，舉杯只說：「祝你健康！」（A votre santé!）

滿街咖啡館和以前的咖啡店

以前的咖啡店

滿街咖啡館

咖啡店裡點什麼

法國滿街都是咖啡館，非常的普遍，在街上走累了歇腳的地方，就是咖啡館。「Café」一詞在法文有兩個意思，我們喝的咖啡叫「Café」，喝咖啡的地方，也叫「Café」。咖啡店的普遍，像是我們的飲料店，臺灣地處亞熱帶，夏日炎炎，口渴了就買杯飲料。法國人的咖啡店，從早餐開始，有的人沒在家裡用早餐，就到街角熟識的咖啡店喝杯咖啡，客人與老闆像朋友一樣閒話家常，他們可能眞的已認識很久。你一定想知道，法國有沒有早餐店？沒有。「臺灣的早餐店」是臺灣的特色，因爲臺灣現在在家裡用早餐的人已越來越少。法國沒有早餐店，咖啡店就取代了部分「早餐店」的角色。

法國如果在咖啡店吃早餐，時間急迫時就站在櫃檯旁，咖啡配牛角麵包（croissant），速戰速決，吃完了上班去。如果是這樣的方式，喝杯咖啡，只要付咖啡和牛角麵包的錢，是不必付小費的，因爲你就在櫃檯旁。普通一般客人，坐在咖啡小桌邊，你可以看報、寫稿、做功課等等，慢慢品嚐你的咖啡，這可是要付小費的。

法國是個盛行小費的國家，舉凡看舞臺劇、聽歌劇、看電影、喝咖啡、吃飯、坐計程車等均需付小費，一般爲消費價再附加百分之十五左右，有時內含，多半外加，觀光客有時不太清楚，也可能會被唬弄。特別要一提的是，叫計程車有一定的「計程車站」，法文叫作「tête de taxi」，意思是「計程車頭」，此點與臺語有異曲同工之妙，臺語的火車站就是「火車頭」。坐計程車的話，大件行李放在行李箱，每件也需付「服務費，即小費」，隨身的小件行李不需要加小費。當然，日間和夜間的收費是不一樣的。

法國中南部山區不少奧凡涅（Auvergne）地區的居民，在二十世紀初來到巴黎，第一代大多是從奧凡涅的礦區將煤炭運來巴黎，他們的後代接著在巴黎開起賣煤兼賣咖啡的店鋪，稱爲「bougnat」，法文 bougnat 是從 charbonnier（賣煤炭的人）一詞簡寫而成，可同時用來指「賣煤兼賣咖啡的店鋪」、或「煤炭鋪店主」。因此，最早期的法國巴黎咖啡館都是與煤炭店比鄰而居，當時女性也不會去咖啡店喝咖啡。

在法國咖啡店裡都點些什麼呢？最常點的當然是咖啡，如果你只說：「一杯咖啡」（Un café），端上來的當然是法式 Expresso，比義大利式咖啡略大，但也大不到哪兒去。要咖啡牛奶的話，要說：「Café au lait」或是「Un crème」。

夏天的時候，坐在咖啡店裡，有人會點翠綠的薄荷汁（Eau à la menthe）或粉紅的草莓牛奶（Lait aux fraises），這兩種果汁非常好看，光看了就覺得涼爽舒適。檸檬汁也有，不像臺灣那麼豪邁。一般在法國，檸檬皮是淡黃色的，在臺灣我們吃的是翠綠色的檸檬。聽說有這樣一個故事，有人下訂單訂貨，說定了要檸檬的顏色，雙方拍板敲定，等到收到貨物時，才發現客戶要的是檸檬黃，但出貨的一方是亞洲人，在亞洲檸檬通常是綠色的，因此出貨的一方理解是綠色的，當然，黃色和綠色實在差很大，老闆收到貨時臉都綠了，這個故事是真的！

巴黎的咖啡店要看開在什麼地段，最有名的兩家，要屬花神咖啡館（Café de Flore）和雙叟咖啡館（Deux Margots），主要的原因是在二十世紀時，有許多文人雅士曾來此聚會聊天，慢慢地大家也都來這兒喝咖啡。這裡的咖啡可不便宜，一小瓶礦泉水都要好幾歐，在這兒喝咖啡是喝情調的。

巴黎的咖啡店即使面積不大，佈置得都還舒適宜人，店面小他們整片牆就用鏡子裝飾，讓店裡看來面積大一點熱鬧一些。到法國旅遊時，也暫且停下腳步喝杯咖啡，看著來來往往的人群，這就是一幕一幕的法國現實生活寫照。

餐餐都有酒

紅酒、白酒、粉紅酒

香檳酒

開胃酒、消化酒

喝酒的藝術

有那麼一說，法國人雖然吃紅肉，但是似乎得心血管疾病的人並不多，或許和他們每天喝一杯紅酒有關。

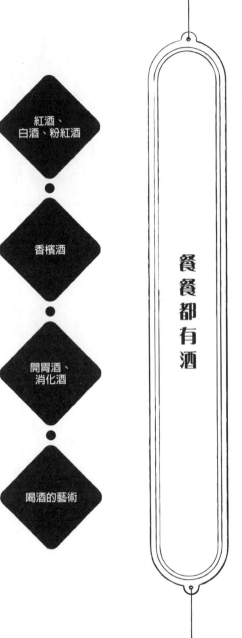

在法國餐桌上常常有酒，吃紅肉的時候，比如牛肉羊肉等，配紅酒；吃白肉的時候，比如魚或海鮮類，配白酒；要是吃田雞怎麼辦？配什麼酒呢？配粉紅酒，法文叫「vin rosé」。白酒是綠色的葡萄釀製的，紅酒、粉紅酒則是紫葡萄釀製的，當然，吃的葡萄和釀酒的葡萄品種是不一樣的。

法國人喝酒很普遍，尤其是葡萄酒。葡萄酒的酒精度數約在十幾度，不算很高，通常法國人喝酒，的確可說是淺嚐即止。喝酒的時候，舉杯互祝身體健康，正常的社交互動，是從來不用「乾杯」這個詞的。法國人餐餐有酒，很少喝到爛醉如泥，除非是有酗酒的習慣或是情緒特別沮喪吧！甚至於有住在同一大樓的住戶，集體購買一個大橡木桶的酒，放在地窖裡，然後街坊鄰里各自用瓶子分裝。喝葡萄酒在法國生活裡，是文化的一部分，他們常常喝，天天喝，享受喝酒的輕鬆感覺，樂在其中。

香檳酒也是法國文化重要的一部分，國家、團體或個人，碰到重大的慶典，一定開香檳慶祝。出產香檳酒的地方，以香檳省最有名，因此，Champagne這個字，「C」大寫是專有名詞，指「香檳省」；champagne「c」小寫爲普通名詞，指「香檳酒」。法國各地酒莊，都有自己特殊的葡萄品種，特別是乾旱的季節與年份，出產的葡萄酒品質特別好，售價相對也比較貴。各個葡萄酒產地也很會做廣告，很久以前去香檳省參觀時，就深深感受他們把美酒與文化巧妙的結合，讓你在參觀地窖酒廠的時候，坐在小火車上，沿途看著一瓶瓶躺著的香檳酒，一邊聽著解說香檳酒的歷史，參觀者好像在歷史的迴廊裡走了一遭，幾乎還沒喝酒，參觀者就已經陶陶然了。

在法國，博士通過並沒有穿「博士袍」的畢業典禮，但是博士通過仍然是人生大事，通常當事人會宴請親朋好友，在哪裡舉辦呢？比如拉丁區巴黎索爾本大學（Sorbonne）校本部附近，就有許多咖啡店，除了咖啡店名外，他們還掛了一塊牌子，牌子上面寫著「Pot de thèse」，「thèse」意思是「博士論文」，「Pot」是說「我們來喝一杯」，掛了「Pot de thèse」的咖啡店，通常已習慣幫新科博士舉辦慶祝酒會，費用以人頭計算，當然這樣歡樂的場合，主人一定要開香檳酒慶祝，開香檳酒瓶的一剎那，砰的一聲，所有寒窗苦讀的辛苦都化爲烏有。法國喝酒文化與我們還有很大的不同，他們餐前有開胃酒（Apéritif），這是正餐前喝的，配上小小的鹹點心或是鹹餅乾等等，不會喝酒的人可以喝果汁；此外餐後法國人還有消化酒（Digestif），比如白蘭地（Cognac）就是這類酒，酒精度數約四十度左右，通常喝一點點，繼續閒話家常，法國人眞是一個口才很好，能言善道的民族，和法國人聊天很少會冷場的。

法國人飲酒不少，但他們覺得葡萄酒、啤酒、烈酒、白蘭地可是不同的酒，但在中文裡通通叫作「酒」。法國地鐵車站裡或是雜誌上面常常可以看到酒的廣告，不過下面一定有一行字：「飲酒過量有礙健康。」（L'abus d'alcool est dangereux pour la santé.）這是提醒大家不要貪杯！

可麗餅有甜有鹹

可麗餅的故鄉

甜的加什麼

鹹的加什麼

布列塔尼的蕎麥可麗餅

可麗餅（Crèpe），有時翻譯爲法國薄餅或法國蛋餅，是風行全歐洲的國民美食，以小麥製作，比薄烤餅略大但更薄、用可麗餅烤盤（類似我們做春餅的爐具）或平底鍋煎製兩面而成。通常製作材料包括麵粉、雞蛋、牛乳、奶油和少許的鹽，主要分爲兩種口味，甜可麗餅使用的是小麥粉，而鹹可麗餅則使用蕎麥或黑麥粉製作。

可麗餅源自法國西北部的布列塔尼（Bretagne）地區，但「Crèpe」這個字則是從拉丁文演變而來。一般的可麗餅多半是甜的口味，用小麥麵粉製作，但也有用蕎麥粉製作的。吃的時候，在餅內加入各式果醬、巧克力醬等調味。布列塔尼地區的土壤貧瘠，小麥生長比較不易，因此用簡單食材做成薄餅，配以其他食物一起食用，布列塔尼地區食用可麗餅還會配上蘋果酒（Cidre）一同搭配享用。注意：「Cidre」是用蘋果製成的淡酒，酒精度數很低，與一般所稱的「蘋果西打」是不同的。

可麗餅多半吃甜的，最基本款是大大的一片牛奶雞蛋薄餅，上面的料隨客人點，可以添加白砂糖、巧克力醬、花生醬或各種果醬，冬天的時候，手裡握著一個熱騰騰的可麗餅，好幸福的感覺。

有些城市會有可麗餅專賣店，這個時候就有鹹口味的可麗餅了，還有菜單可以點選，當然少不了蘑菇、乳酪、火腿等等口味，鹹口味的可麗餅也相當好吃，點一個大大的可麗餅，幾乎可以當正餐了。

可麗餅的製作，最重要的食材是麵粉、雞蛋、牛奶、牛油，須加少許的鹽，考究的完全不加水。調製好的麵糊，需要靜置幾個鐘頭，以便麵糊充分融合，擱置一夜也可以。然後以平底鍋像我們做蛋餅一樣，舀一些麵糊在鍋底，薄薄的一層煎成一個大餅，塗上果醬就成甜的可麗餅；放上鹹的材料就是鹹的可麗餅，兩種可麗餅，風味各有千秋。

布列塔尼地區的人，最自豪的就是他們的可麗餅與眾不同，這個地區的可麗餅，一般不用麵粉而用蕎麥或黑麥粉，口感比較純樸天然，現代人的觀點看來似乎更加健康。在八〇年代之後，布列塔尼地區經濟情況才越來越好，他們也努力發展觀光，如果你認識布列塔尼地區的朋友，他們一定熱情的製作「布列塔尼的可麗餅」請你品嚐。

在法國有幾個地方的人，保有相當傳統的文化，分別是科西嘉、巴斯克和布列塔尼地區。科西嘉是拿破崙的故鄉；巴斯克人住在庇利牛斯山脈兩旁，一部分屬於西班牙，一部分屬於法國。巴斯克人常常強調自己是「巴斯克人」，不是法國人。至於布列塔尼地區的人，也是非常有自己的特色，是文化鮮明、很有個性的族群。到法國遊覽時別忘了去布列塔尼地區一趟，體驗一下不同的布列塔尼文化。

我請你喝下午茶

Goûter 有兩個意思

何時請你喝下午茶 goûter

喜歡邀請朋友來家裡

臺灣的生活，外食人口已越來越多，一方面是因應生活的需要，一方面也是生活型態的改變。香港朋友也說，在很多年前他們就是這樣，可能生活的空間也不是太大，平日生活忙碌又緊張，再加上外食又非常方便，因此一大早就有人坐在茶樓飲茶。

法國在這方面跟我們很不一樣，如果他們眞的和你做朋友，會請你去他家作客。最起碼的是請你去喝下午茶。或許幾個好朋友聚在一起打橋牌，或許暑假在鄉間度假的第二居所，左鄰右舍相約喝個下午茶，朋友之間，或者是朋友的朋友相約，眞可謂「有朋自遠方來」，有的可能來自加拿大或英國，在鄉下租了個房子。有的來自亞洲，有的從其他省份過來，也有的來訪友，也有的來探親，比如女兒嫁到法國等等。因此他們會相約喝個下午茶，主人自會準備開胃酒、果汁、小點心等等，這種下午茶多半在露天庭院，悠閒的夏日午後，天清氣朗，陽光和煦，法國人很懂得享受悠閒，絕不會忙到昏頭轉向只爲了請客，這樣的下午茶十分輕鬆，等於是先把開胃酒提前，反正法國夏天施行夏令節約時間，幾乎到了八點半天還很亮，大家可以悠閒自在的閒話家常，法國人眞是很健談，也是很愛說話的民族，大夥兒不愁沒有話題，可熱鬧哩，直到晚餐時間大家才依依不捨的各自回家吃晚飯。

法文的「Goûter」有兩個意思，一是「品嚐」；一是「喝下午茶」。由於法國的三餐時間，尤其是午餐與晚餐之間，相隔幾乎八個小時，因此，肚子餓了，自己吃點東西，或者朋友之間互動一下，又不希望太累的話，就來個下午茶吧。

基本上法國人把你當作朋友，會邀請你來他家作客。但他們會很從容，可以悠閒的一起喝下午茶，聊聊天連絡感情，但不會把自己累到蓬頭垢面，度假對他們來說，就是純然的休閒。

復活節的巧克力蛋

復活節──兩大節慶之一

Pâques（復活節）還是 Pâque（逾越節）

巧克力蛋滿天飛

法國的傳統節慶，多半與基督宗教有關，最有名的兩個，是聖誕節與復活節。聖誕節是在十二月二十五日，原則上放假兩週，是家庭團聚的日子，大家都回家團聚，火車變得非常擁擠，印象中前前後後好像感覺有一、二十天。因為在法國，如果一個假日在禮拜四，週六又是放假日，那麼「禮拜五」就自動放連假，叫作「過橋」，白白多出的一天假期，是不需要補班的。

復活節也是基督宗教的大日子，甚至於有的教派覺得它比聖誕節還更重要，因為他們認為慶祝耶穌復活遠比慶祝耶穌誕生更為重要。每年的復活節時間不太一定，通常是在每年春分月圓之後第一個星期日，因為三月二十一日春分之後，北半球便開始白天越來越長，晝長夜短，象徵光明大過黑暗。

羅馬皇帝君士坦丁一世在公元三二五年召開第一次尼西亞公會議，明訂復活節是星期日，因星

食

期日被教會視爲耶穌死而復活的日子，所以復活節就在每年春分月圓後的第一個星期日舉行。此後每年春分月圓後的第一個星期日，就是復活節，但是計算復活節的方法，自古以來十分複雜，羅馬教會及東正教會的計算亦略有差異，因此復活節可在不同日子出現。

一九九七年，國際普世教會協會在敘利亞召開會議時，曾建議改革計算復活節的方式，並建議統一東、西教會的復活節，但至今絕大部分國家仍沒有跟隨。

猶太人的逾越節，紀念以色列人出埃及，法文叫作「Pâque」。復活節法文叫作「Pâques」，希伯來語原有「par-dessus」（超越）之義，從「passage」（過路或通道）這個字而來。

復活節時，基督宗教都會吃復活蛋，早期的時候，都是白煮蛋彩繪，現在花樣越來越多。在臺灣已有現成的彩色蛋衣裳，用熱水浸泡，趕快套在雞蛋上就完成了。在法國也有傳統的彩蛋，逐漸演變成巧克力製作的各式彩蛋或巧克力製成的母雞，尤其是在復活節前後，所有的糕餅店都陳列著巧克力復活蛋，一片欣欣向榮的氣息。

關於復活節，法語教科書裡還有一個可愛的傳說。耶穌與門徒最後的晚餐是在禮拜四晚上，然後所有的教堂鐘聲都暫時停擺，據說這些鈴鐺全部都去羅馬報到了，直到耶穌死後第三天復活之後，所有的鈴鐺才從羅馬回來再度叮噹叮噹的敲響。

在法國教堂比比皆是，每個小時一定有鐘聲報時，耶穌受難之後的鐘聲不再敲響，原來是去羅馬了！傳說中這些鈴鐺復活節前夕從羅馬回來時，帶了許多巧克力，藏在花園裡，第二天讓小朋友去花園找，找到最多的運氣就最好。

國王餅

餅的長相和內容

如何玩遊戲

國王餅緣起

每年一月六日，法國人都會吃國王餅（Galette des rois），這是一種油酥皮的點心，中間的餡料有點像我們臺灣的奶酥的味道。每到這個時節，所有的麵包店或糕餅店都會製作販售。國王餅，其實是一種非常簡單的滋味，有趣的是伴隨著的遊戲。

通常是家人或朋友之間，最年輕的那一位會藏在桌子底下，由小傢伙來發號施令，看每一塊糕餅要分給誰。在這個國王餅裡面，一定藏有一小塊塑膠板，或者在以前是一個陶瓷做的小人兒，大家拿到點心時，都小心翼翼的吃，生怕不小心咬到，當然拿到這一塊特別的國王餅的是幸運兒，他或她就成爲當天的國王或王后。如果是國王，他可以選一個皇后。要是小男孩今天當了國王，大家立刻爲他戴上金紙做的皇冠，當然他常常會選媽媽當皇后。這是目前一般人的慶祝方式。

這個節日最早是與宗教有關，法文叫作「Epiphanie」，字源來自希臘文，有「出現」或「顯示」

的意思，在基督宗教裡這是非常重要的節日，是指耶穌降世爲人，第一次是顯示給東方三賢士（三博士）。「Epiphanie」通常被譯爲主顯節，爲每年的一月六日，在不同的宗教，慶祝的日子可能不同。

主顯節包含兩個重要的意義：第一是天父主動以星光、以《聖經》的話顯露自己；第二是人對天主顯示的回應，當時的賢士、希律王及耶路撒冷的居民反應各有不同，而東方三賢士卻憑著信心，依循天空星星的引導，前來朝拜小耶穌。這是一段感人的故事，因此後世在不同時空的演變下，用不同的方式來紀念這個節日。

衣
Notre Dame de Paris
parfum
Bonjour
vin
fromage
croissant

圍巾或披肩

圍巾
披肩
保暖或造型

提到服裝時尚，一定立刻想到法國。尤其是法國女人，一向總是給人美美的感覺，原因是什麼呢？是因爲法國人從小培養的審美眼光，簡單的搭配就給人一種非常漂亮優雅的感覺。

在臺灣，天涼的時候或是在冷氣房，加件外套就可抵擋風寒。在法國，甚至夏天，有的時候到了晚上還是很涼的。記得有年夏天去法國，朋友載我去她鄉下的家，她住在南特（Nantes）的鄉下，開車要開很久，這個朋友開車很快，沒車的地方，輕輕一踩油門就超過一百公里。我記得明明是夏天，那天晚上氣溫是攝氏零度，開車的時候還要開暖氣。那年我的冬衣帶得不夠，還在法國買了件「印度棉襖」，在法國，尤其是大都會裡，的確是應有盡有，很容易買到來自世界各地的產品。

法國女生服裝式樣簡單，比起亞洲或非洲人來說，她們穿衣的顏色較爲素淨，絕不會明艷刺眼，通常只有兩三種顏色，特別是在冬天的時候，全身一套黑到底的妝扮也屢見不鮮。但法國人卻很善於利用配件與首飾，巧妙營造出另一種優雅，比如鞋子、手提袋與服裝，總是搭配得相得益彰。

雖然現在世界各地的人，一般都常穿西式的服裝，但穿的方式，尤其是搭配的方式還是有些不同。

可能是由於氣候的緣故，法國人常常使用圍巾或方巾。圍巾的料子通常非常輕薄柔軟，天冷的時候只要保持脖子和背脊暖和，就不會覺得冷了。甚至有的人可以圍兩條，一條小小薄薄的，另一條厚重的披在外面，幾乎等於穿了兩件衣服。因此我們常會看到，即使在冬天，有的西方人士穿得也很少，和夏天差不了許多，但是他們會有一件厚厚重重的外套，加上圍巾就一定不會冷了。因爲來到室內一定會有暖氣。

法國室內幾乎一定有暖氣，新的房子暖氣常裝在地板下面，中央空調，如果大樓住了許多老人家的話，冬天甚至維持室內攝氏二十五度，因此眞的不需要穿得太多，否則在室內會熱得難過。

圍巾和披肩，法文叫作「Echarpe」和「Foulard」，有時兩者也可交替使用。「Echarpe」常指肩帶、腰帶；懸吊三角巾；披巾、肩巾、長圍巾；「Foulard」通常是非常輕柔的薄綢，絲綢布料，常常是方的，指綢巾、紗巾、絲巾、頭巾（穆斯林女子的頭巾，或修女的頭巾）。

無論是長的、方的、厚的、薄的，在法國圍巾很流行，也很方便實用，除了保暖之外，圍巾兼具造型的功能。旅行的時候在各個航空站也都有出售漂亮高級的圍巾，自用送禮兩相宜，而且我們的偶像劇或女明星，也常常圍著「圍脖」，增添一點造型的美感呢！

風衣領子常豎著

風衣非常適合當地氣候

領子常豎著

基本是米色系列

法國的面積與中國的四川省差不多大，與泰國的面積也差不多，然而法國得天獨厚，平原較廣，氣候溫和宜人。巴黎的緯度和中國瀋陽的緯度差不多，但因爲巴黎是盆地，氣候較爲溫和。四季分明，春、夏、秋、冬，分別從三月二十一日、六月二十一日、九月二十一日及十二月二十一日開始。

季節的變換準得很，秋天樹葉開始飄落，到了冬天，所有的樹木葉子幾乎都掉光了，一幅非常蕭瑟的樣子，這個時候只有山上的松柏仍然「後凋於歲寒」，還是綠意盎然。山上後凋的松柏，在聖誕季節，很多樹梢被砍了下來作聖誕樹，這就是花店前面擺的聖誕樹，眞正的聖誕樹，可憐的松柏！等到春天來臨，從公園經過的時候，會發現每天都是一個驚喜，樹上開始生出嫩綠的芽，每天多一點，樹葉一天比一天茂密，不知不覺抬頭一看，樹上已長滿了樹葉，枝繁葉茂，看一看日曆，剛好就是六月二十一日，夏天已經悄悄的來報到，太神奇了！

我的法國朋友常問我，你們那邊氣溫幾度？我常回答：「攝氏二十五度」。臺灣一年到頭都有璀璨的陽光，這樣的氣候令歐洲人羨慕不已，我們是四季如春，陽光長年陪伴，樹葉整年都是綠的。法國因爲四季分明，多了一些變化，也增添了幾許驚喜。

法國在歐洲是面積最大的國家，全國各個區域的氣候不盡相同，東邊的斯特拉斯堡（Strasbourg）雖然只是法國第七大城市，但是它與日內瓦、紐約以及蒙特婁一樣，是少數幾個雖然不是國都，卻是國際組織總部所在地的城市。斯特拉斯堡與比利時首都布魯塞爾一樣，駐有歐洲聯盟許多重要機構，包括歐洲理事會（Le Conseil de l'Europe，一九四九年）、歐洲議會（Le parlement Européen，一九九二年）以及歐洲人權法院（La Cour Européenne des Droits de l'homme，一九九八年）等。斯特拉斯堡常被稱爲「歐洲之都」（Capitale européenne），此地冬天氣溫常在攝氏零下，有的時候零下幾十度，是法國最冷的城市。

法國好像沒有特別的雨季，即使下雨，印象中很少傾盆大雨，因此一件風衣可以派上大用場，下點毛毛雨連傘都不必撐，因爲多半的風衣都可以防雨，而且法文風衣這個字「Imperméable」，就是不透水的意思，一點兒小雨輕輕抖落就行了。風衣的顏色多半是米色、卡其色的系列，綁個腰帶、繫條圍巾，這樣的裝備到初冬都沒問題了。你稍稍觀察一下更會發現，他們穿風衣，領子是豎著的，一方面瀟灑好看，另一方面也遮風擋雨呢！

法國人的雨傘也很有意思，長柄雨傘上有一根繩索，讓你不用的時候就可以背在背上，相當實用的設計。實際上，法國人只有眞正下大雨時才撐傘。從來沒有任何人撐洋傘，包括太太、小姐們，因爲她們恨不得曬得黑黑的，甚至於夏天的時候，除了塗在皮膚上的「強效乳液」，有時還吞幾顆藥丸，希望儘快曬成古銅色，哪怕冬天滑雪的時候，在雪地裡也會曬黑，的確，東方和西方的審美觀念有差異，我們認爲「一白遮三醜」，因此，如果在公園裡面看到撐著小洋傘的婦女，幾乎百分之百是亞洲人。

花都服裝時尚與顏色喜好

時尚之都：
巴黎、倫敦、
米蘭、紐約、
東京

高級時裝
（Haute couture）
和成衣（prêt à
porter）

顏色喜好
素淨內斂的
顏色

巴黎、倫敦、米蘭、紐約幾個城市都是時尚之都，每年都定期舉辦「時尚週」，其中又以巴黎的時尚週最爲重要。時尚週通常先由紐約開始，接著是倫敦和米蘭，最後由巴黎壓軸。

巴黎爲時尚之都，每年都有好幾週的服裝展示，通常高級時裝在一月和六月，其他的就在三月和九月，確切日期由法國時尚聯合會敲定。

由於巴黎是時尚界的牛耳，許多世界各地知名的廠牌，像義大利的 Miu Miu，日本的 Yohji Yamamoto，英國的 McCartney 會選擇巴黎舉辦時裝秀。直到二〇一〇年，常常時尚週都在羅浮宮旁的 le Carrousel du Louvre 舉行。

法國人的確很有審美眼光，似乎從小就培養了一種美感。因此法國人看起來落落大方，女生看來都很有個性，很會穿衣打扮，又相當優雅。在巴黎街頭隨便逛逛，發現他們的確很會穿衣服，簡簡單單的式樣，卻搭配得很好看。

他們喜歡的顏色也與我們在亞洲所常見的顏色不太一樣。冬天的時候大家穿的顏色都很深，藏藍色、黑色非常多，當年流行的顏色也一定出現。一般法國人的頭髮顏色，多半是棕色或深棕色，我的法國朋友告訴我，他們也很欣賞金髮碧眼的美女，但法國本地，很少人眞的金髮，有的小孩子出生時是金髮，爸爸媽媽很高興，但到後來頭髮顏色越長越深，就不再是金髮了。亞洲人多半是黑頭髮，法國人頭髮深棕色的居多，黑頭髮的並不多見。

法國冬天的時候，大家穿的衣服顏色都很深，久居異鄉的華人也不例外，往往也入鄉隨俗，穿得黑壓壓的，不過因爲華人頭髮是黑色的，再從頭到腳一片漆黑，有時不一定很好看。

法國人喜歡的顏色，很少大紅大紫，或是鮮綠正黃的，似乎像是在每種色彩裡，調上一些灰色，因此顏色不會太明豔。一般說來，非洲人穿衣服，特別是傳統服裝都很鮮豔，甚至有淺黃、淺藍、淡綠、粉紅等，非洲人穿淺色很好看，除非神職人員，否則不會穿黑色，與皮膚的顏色不配。法國男士時常會穿藏藍色西裝外套，搭卡其色長褲。這樣的方式夠整齊，但不會太嚴肅。連小朋友穿衣也不太一樣，可能由於氣候較涼，小女孩的洋裝有時也長長的，小男童的短褲至少到膝蓋或者更長一些。我們臺灣由於氣候炎熱，女娃兒的洋裝可能勉強蓋到屁股，在海灘上彎腰撿拾貝殼的時候，四周的民衆都會覺得超萌的，兩歲的小女娃兒專心的玩沙，露出兩隻肥肥的、一節一節很像蓮藕的肥腿，曬著太陽還香汗淋漓呢！這樣的情景在法國是永遠不會看到的。

高級時裝也好，一般成衣也罷，巴黎仍然是引領時尚的花都，在街頭走走看看，咖啡店前坐一坐，你會發現連市井小民，耳濡目染之下穿得也都挺好看的，這就是巴黎！

短褲、迷你裙流行嗎

- 短褲、迷你裙從哪裡開始流行
- 法國人愛穿嗎
- 時尚趨勢如何流轉
- 重要場合必穿裙子（教堂、看表演、進賭場）

法國巴黎向來是服裝時尚的先驅，每年，甚至在一年以前，就早早推出第二年，下一季、甚至下兩季的服裝。我們認爲所有流行的服裝一定由巴黎開始，其實不盡然。比如很多流行的服飾，像是短褲、迷你裙都是先由英國倫敦開始，到了巴黎加以美化、再到紐約、再到東京……。

風行的迷你裙到底是由安德烈．庫雷熱（André Courrèges）或是約翰．貝茲（John Bates）所設計的？答案莫衷一是。不過可以確定的是，讓它大大流行起來的是瑪莉官（Mary Guant）。

法國人愛穿這樣的服裝嗎？好像不盡然。即使在熱褲和迷你裙最流行的年代，各地的服裝流行會蔚爲風潮，但法國似乎看不到這種服裝大大流行，因爲法國人一向有獨到的審美眼光，即使在夏天，也很少看到人如此穿著，因此如果有東方人到了法國，以爲法國人很新潮，自己就穿著短短的熱褲，這種行爲恐怕不引人側目也難。因爲在法國，哪怕很熱的季節，很年輕的族群，無論哪個世代，都很少有人穿著熱褲，這的確是一個還蠻特殊的現象。

巴黎的時裝那麼流行，但眞正走在時尚先鋒的是英倫，當然時尚界都有極爲敏銳的嗅覺，各地交通越來越便捷，一點風吹草動，就傳遍世界各個角落了。西方國家開始流行的東西，不出數日，東京、臺北也流行起來。當然現代風水輪流轉，泰國在服裝和設計方面已經有非常亮麗的表現，臺灣的年輕服裝設計師，在國際舞臺也有非常傑出的成就，因此時尚趨勢如何流轉，恐怕眞是三十年河東，三十年河西了！

在歐洲有一個特殊的現象，歐洲旅遊觀光，參觀教堂和古堡爲兩大重點。在歐洲參觀教堂的話，絕對不能穿迷你裙和熱褲，這對神祇不夠尊重，穿迷你裙的觀光客是禁止入內的。不只是教堂有這樣的禁令，連摩納哥的賭場，女生穿長褲都禁止入內，必須穿著裙裝，但不包括迷你裙，爲了嚴格控管賭場進出的人士，外國人須出示護照，並且影印留檔存參。此外看夜總會的表演，男士一定要打領帶，女士一定要穿著裙裝。

在法國，穿著適當的服裝是生活禮儀的一部分，大家都會遵守，不遵守的話，是會被排拒在大門外的。

千萬別讓我光腳丫

門前有踏腳墊(paillasson)

室內仍然穿鞋子

千萬別讓我光腳丫

什麼人會穿拖鞋

法國人住家門前，一定有踏腳墊，早期使用麥稈編織而成，「paille」就是麥稈的意思，踏腳墊（paillasson）因此而得名。如今踏腳墊有各式各樣的材質，但功能一樣，都是放在門前，讓家人或客人進門的時候，可以把鞋子上的泥土擦在上面，然後直接穿著鞋子進入客廳。這一點和臺灣很不相同，臺灣幾乎所有的家庭，進入室內都是要把鞋子脫掉，放在門口或是玄關，然後再穿室內拖鞋入內。

法國人在室內仍然穿著高跟鞋或是皮鞋，無論客廳、飯廳、臥室、廚房等等，來訪的客人也是一樣，無須脫鞋或換穿拖鞋，因此進門之前務必把鞋子上的泥濘擦拭乾淨，把鞋子直接穿進屋子裡，對在臺灣生活的人而言，這一點實在超出我們的想像。

在法國有人穿室內拖鞋嗎？有，很少。通常，如果法國人曾經來過亞洲，住過一段時間，就會和我們一樣，穿起我們的拖鞋了，而且樂此不疲，覺得很讚。否則只有老人家在室內會穿著一種很舒服的拖鞋，通常是一種毛茸茸的拖鞋，幾乎和鞋子差不多，鞋後跟較淺一點，保暖用的。

在我教授全人發展課程的時候，有次上到「國際人修養」部分，有個單元是談到「居住在東方與西方」。有一次，一個學生和大家分享，她曾去德國研習，住在德國人家裡，有次她把房間打掃得乾乾淨淨，在房門口貼了張條子，上面寫著：「入內請脫鞋。」房東看了非常生氣，我們的學生完全不明白房東爲什麼要生氣，學生認爲：「我把房間打掃得乾乾淨淨，難道不對嗎？」殊不知，對西方人來說，你在我家住，你怎麼可以改變我的生活習慣，竟然要我光腳丫，那是非常不禮貌的事。

這件事情沒有所謂的對與錯，因此「入境隨俗」是很重要的事。對臺灣人來說，家裡打掃得乾乾淨淨，每個人都把鞋子脫在門外，是理所當然的。對西方人來說，腳丫子包得緊緊的，這是禮貌。女生正式場合的穿著，鞋子永遠是包頭鞋，不可以露腳丫的！

有趣的是，各地的風俗很不一樣，敢裸露的部位也很不一樣。中國人的旗袍開叉很高，敢於露腿；西方人的禮服時常露胸……好像這都已經司空見慣；但是千萬別讓阿拉伯婦女露頭，她們可是個個有頭巾，甚至在法國讀書的年輕女孩，也因爲宗教的緣故，天天圍著頭巾；讓她們露頭，簡直太令人難堪了。當然也千萬別讓歐洲人露腳丫！

冬天穿衣的方式

冬天室內有二十幾度

衛生衣不是每個人穿

襯衫加毛衣領子放裡面

貂皮大衣與袒胸露背

以前看電影，看到歐洲的片子，男主角從外面進入室內，穿著厚重的皮夾克，而女主角在室內，卻穿著袒胸露背的洋裝。在沒去歐洲讀書之前，心中有一些些疑問，心想：爲什麼男生和女生差這麼多！直到大學畢業去法國留學，開始在那裡生活，衣食住行各個方面才一一印證書本所學。原來我們穿衣的方式雖然早就西化，看來與西方人差不了多少，但其實還是有所不同的。

法國冬天室內一定有暖氣，送暖氣的方式，目前幾乎多半都使用熱水管加熱、電熱器或中央空調式（在地板底下）。因此如果受邀到法國朋友家作客，穿著套頭毛衣，裡面還有衛生衣的話，假如室內溫度二十幾度，就準備冒汗吧，會熱得非常難過，因爲他們和我們穿衣的方式很不一樣，一定得「入境隨俗」。

到了法國一段時間，發現衛生衣穿不太到，而最常見的是穿件襯衫，外加毛衣，男生尤其如此穿著。一方面，熱了毛衣可以脫掉，另一方面，髒了可以便於清洗。由於法國天氣乾燥，毛衣是不需常常洗的。當然你還是能看到衛生衣的廣告，衛生衣也有人穿，一般年長的人，或怕冷的婦女會有需要。

在法國或歐洲，即使穿著襯衫毛衣，一般穿著的方式也和我們稍有不同。我們通常是把襯衫衣領翻出來，放在毛衣外面，而他們是將衣服領子壓在毛衣領子裡面，形成另一種風格，看起來也別有韻味。

天天換衣、洗衣嗎

房租與洗澡的次數

天天換衣、洗衣嗎

衣服曬在何處

床單、擦碗布、餐巾桌巾都會燙得平整

我有個大學同學，剛去法國的時候，我們都住在拉丁區。拉丁區位於巴黎第五區和第六區，從Saint-Germain-des-Prés到盧森堡公園，是巴黎著名的學府區。拉丁區這個名字起源於中世紀，因爲當時的大學學府，都是以拉丁語授課的。

拉丁區是學生與教師往來頻繁的地區，因爲除了索邦大學、法蘭西學院和聖吉納維芙圖書館，還有法國最著名的院校：亨利四世中學、路易大帝高中、聖路易高中、巴黎礦業學院、法國國家高等美術學院、巴黎高等師範學院、巴黎理工學院舊址等等。六〇年代，尤其是一九六八年的五月風暴，使得拉丁區也成爲著名的學生示威活動和抗議遊行的敏感地帶。

我的同學住在法國人家裡，而我住在學生宿舍。我們住得不遠，有時會見個面。就在我同學來法國不久，她告訴我，房東要給她加房租，原因是她洗澡太多。我們聽來或許覺得可笑，但其實是不無理由的。因爲我們亞洲人，每天洗澡是天經地義的事情，天熱的時候流了汗就去沖個涼，夏天有可能洗好幾次澡，但對法國人來說，天涼的時候，很少出汗，他們認爲似乎沒有每天洗澡的必要。事實也的確如此，因爲法國地處溫帶，氣候溫和宜人，相當乾燥，夏天也不會流很多汗，因此也很可能沒有每天洗澡，如今來了一個亞洲女孩，每天洗澡用了大量的水，因此房租也「水漲船高」，必須調整一下，因爲人家全家的用水量，還不及你一個人的用水量。我的同學很不理解，據說房東的水費原來很少，因爲我同學進住，需要多付很多水費，因此只好讓消費者付費……後來我的同學還是搬了家。

原來「洗澡」這個每天都進行的事，在不同的國家，竟然也會有文化的差異！的確，在不同的地方有不同的洗澡文化。首先，洗澡的頻率不同，亞洲人天天洗澡，甚至夏天一天沖涼好幾次。洗澡的時間也不同，亞洲人多半晚上洗澡；洗澡的方式不同，臺灣人常常用沖的，因此洗完澡浴室濕答答的，但西方人洗澡和我們不一樣，有時東方人和西方人合租房子的時候，問題也出在浴室的使用。至於法國人衣服是天天換洗嗎？曾經有一篇報導，他們做過一項調查，好像他們的衣服也不是天天換洗。

洗了衣服曬在哪裡？如果在法國南部有院子的地方，當然曬在院子裡。如果是在城裡，通常洗好的衣服先是掛在浴缸的上端，由於冬天室內也有暖氣，等到衣物七、八分乾的時候，就拿下來燙。所有的衣物，包括桌巾、餐巾、床單、擦碗布（torchon）等等，每一件都燙得平平整整，連床單也是，即使在家裡，新換的床單也像飯店一樣，一摺一摺燙過的痕跡非常漂亮。

家庭燙衣服也有學問了，比如燙床單，是先把床單折得整整齊齊，首先長條狀對折，再兩折、再折成四折，到可以順利放在燙馬上的大小，然後燙了一層，掀起來再燙下一層，一層一層都會燙到，直到整個床單被燙得平平整整。法國有一種擦碗布，通常在洗完餐具之後，一定要用擦碗布擦拭到乾爽才收納，法國人連這種擦碗布也會燙得平平整整，這是典型的法國生活文化，幾乎每個家庭都是如此的一絲不苟，令人佩服。

家用機器有哪些

- 洗衣機和烘衣機
- 洗碗機和烘碗機
- 洗衣店：blanchisserie, pressing, teinturerie, laverie
- 烤箱常常用
- 來過東方的人很欣賞「電鍋」（Rice cooker）

洗衣機無論在東方和西方都相當普遍，一般說來在東方可能使用得更多，因爲天氣較熱，衣服幾乎需要天天換洗，有了洗衣機，的確造福了許多家庭。在法國，尤其是在城裡，街上也有一種洗衣店，投幣式的，衣服累積到五公斤、七公斤就可以拿去這樣的洗衣店，洗完之後再投幣到另一個烘乾的機器，如此即使沒有洗衣機，洗衣的問題也可以解決了，一般我們叫作「自助洗衣店」。

在法國比較好的衣服，或是需要乾洗的衣服也都會送到洗衣店，它的名字有好幾種不同的說法：「blanchisserie, pressing, teinturerie」。「blanchisserie」是指洗衣店負責把衣物洗淨漂白，「blanchir」是個動詞，就是變白、漂白的意思。記得有次去到法國一個鄉鎮參觀，晚上全鎮居民，小至孩童，大至長者，全都參與演出先民古早的生活方式，其中包括先民如何曬床單，原來他們是把床單放在草地上，藉由陽光和植物的氧化作用讓床單變得雪白，當時的表演相當好看，法國人在觀光文創產業方面，說得不多，卻做的每每令人驚艷。也因此洗衣店會叫作「Blanchisserie」，保證你的衣服洗得白白亮亮。「Pressing」是從英文來的，是洗衣、整燙的意思，至於「Teinturerie」也是洗衣店的另一種說法，因爲古早時候，洗衣店也負責替客人染衣服。

烘衣機臺灣用得比較多，因爲我們幾乎天天洗衣，萬一天氣不好，烘衣機就派上用場了。法國由於氣候乾燥，衣服洗過幾天以後，七、八分乾就拿下來燙了，因此單獨使用的烘衣機比較少。

洗碗機法國明顯比臺灣普遍，因爲法國人吃飯，碗盤特別多，哪怕三、四個人吃飯，前菜、湯、主菜、生菜、乳酪、甜點、咖啡等，還不算酒杯與茶杯，一餐下來總有三、四十個碗盤，因此法國的洗碗機比臺灣普遍。法國人即使沒有洗碗機，他們一定將清洗過的碗盤立刻擦拭得乾乾爽爽的，放在固定的收納櫥櫃裡。臺灣的習俗比較不一樣，我們即使沒有洗碗機，烘碗機卻非常普遍，現在一般的家庭也會立刻將清洗好的碗盤放入烘碗機，碗盤烘乾後再加以收納。

廚房的電器用品，法國常常用烤箱，在各種烹調方式裡，他們很多東西都用烤的，因此烤箱通常就在爐子下方，他們的食物，比如雞、鴨、牛肉、豬肉都可以用烤的，方便又健康，油煙也比較少。每餐飯後一定有甜點，當然也可以自己動手做，派餅的皮半成品很容易買到，這也少不了烤箱。冬天的時候，烤個蘋果派，滿屋都是水果及奶油的香味，聞起來很幸福的感覺。至於吃剩的菜餚如何加熱？最簡單的方法，是撒一點乳酪絲，放進烤箱略烤，這就是所謂「焗烤」的由來。

曾在臺灣住過的法國友人，對我們的電鍋，非常欣賞，覺得神奇又好用。因爲法國人煮米飯，使用一般的小鍋子，待米煮開了以後，把水倒掉，再以小火燜煮到七八分熟，加些調味送入烤箱，而我們的電鍋只要把米洗好，外鍋加水後，按下開關就一切自動，等著吃現成的了。家用電器何其多，東方、西方還大不同呢！

洗衣機的廣告明星

廣告常用的元素：美女、小孩、動物

臺灣和法國洗衣機的廣告

法國阿嬤Saint Denis和開喜婆婆

法國廣告非常先進好看。一般廣告常用的元素，一定是美女、小孩和動物，世界各地都有這樣的趨勢。臺灣最常見的廣告，也有很多是美女、小孩和動物。

電視廣告在不同時段有不同的訴求，播給孩子們看的節目，就會大力放送小孩子喜歡的食物和玩具，即使不識字的小小孩，他們也看得懂，會牽著家長買東買西，廣告眞是魅力無邊，有效極了。

法國地鐵有的路線已超過一百年，月臺兩旁是很好的廣告看板。一些具有特色的地鐵站，裡面的設計當然也不同。比如羅浮宮，地鐵站內的裝飾也很有質感；又比如羅丹美術館那站，來到地鐵站就像是進入羅丹美術館的後花園一般，首先映入眼簾的是巴爾札克的雕像。法國地鐵走廊裡也是法國文化的一部分，各式各樣的廣告都有，很好看、很精采，令人目不暇給，它也是外國人學習法國語言、文化和欣賞美學的好所在，每個旅人腳下踏著匆匆的步伐，眼睛隨時欣賞著兩旁與時變換的創意廣告，這就是花都巴黎！

電視上，一般的家庭用品也是廣告連連，洗衣機、洗衣粉、洗碗精、洗髮精等等。法國的洗衣精廣告也很多，不同的是他們的廣告明星，不一定是年輕貌美的女明星，也可以是婆婆或媽媽，甚至有可能是猩猩，因爲他們通常會強調清潔的形象，記得有個廣告明星，是一位鄉下阿嬤，揮舞著白色的床單，一看起來就很會洗衣服的樣子，這個廣告播送了許多年，讓人印象深刻，也覺得阿嬤很有魅力與說服力。無獨有偶的是，臺灣的廣告也出現過「開喜婆婆」代言，不同的是，臺灣「開喜婆婆」代言的廣告拍攝的時間比較晚，而且開喜婆婆的裝扮，有點故意誇張了些！

反觀我們的洗衣機廣告，幾乎清一色都是窈窕淑女，穿得乾乾淨淨，似乎不食人間煙火的樣子，隨風轉個圈圈兒，隨後就看到衣服在陽光下飄蕩。廣告夠漂亮，但欠缺了一分眞實的感覺。法國廣告的確做得很好，唯美、創意、比較眞實，値得參考借鏡。

法國廣告在拍小孩子的時候，也有不同的人文關懷。我們的兒童廣告，通常都是長得明眸皓齒，聰明機伶的孩子。法國有一個溫馨的廣告，就是一群小小孩，在公園裡玩沙子，其中各色人種都有，包括發育遲緩的小孩，他們彼此分享自己的小玩具，廣告好感人，幾乎沒有什麼對白，但我們明白這些弱勢的小孩最需要的是什麼。

臺灣和法國廣告方面還有一個最大的不同，我們有很多傷風、感冒、瘦身的成藥或保健等補品廣告，而法國從來沒有這種廣告。愛吃補品，或許和中國人注重養生之道有關吧！此外近期流行的醫美或瘦身廣告，在法國也很少有，因爲法國大胖子不多見，藉著整形手術變美麗在法國也不那麼流行。

關於美麗與魅力，在法國和臺灣的審美觀也不盡相同。我們覺得一白遮三醜，他們覺得曬得古銅色才是健康美，因此在法國看得到一種廣告，是擦在皮膚上的乳液，保護皮膚，也讓皮膚快快曬黑，同時還有呑服的藥丸，能夠幫忙皮膚迅速變成古銅色，所以，在骨子裡，東方和西方的審美觀念是不同的。

洗衣的方式　放很多洗衣精

- 洗衣的頻率
- 洗衣的方式
- 單用清水漂洗好奇怪
- 曬衣的方式和地點

我們學校法文系學生，開始與國外的學校辦理交流的時候，首先是從臺灣的學生先去法國做交換生，最初是從假期開始，時間也通常只有一、兩個月，後來逐步加長。記得學校最初開始辦理比較長期的交換，是從一月初到四月春假的時候。學生在交換生期間，看似簡單不過的食、衣、住、行，如果有一點不習慣，學生會很不自在，小則影響學習，嚴重則發生適應困難，甚至到精神狀況很差，身心俱疲的也有可能。

就說洗衣服這件事吧，臺灣幾乎是天天洗衣服的。在臺灣很多東西都用水洗或用水沖的，洗衣服我們都用大量的水，如果衣服很乾淨，要是很細緻的衣服，可能不會放在洗衣機一起攪和，而是用清水，把髒的部份打點肥皂用手輕輕搓揉，再用清水漂洗一下，這樣的洗衣方式，在臺灣司空見慣，我們覺得非常合情合理，但是看在法國人眼裡，他們覺得很不可思議，甚至覺得衣服根本沒洗乾淨。可別以爲這是小事一樁，在我們第一次開始接待法國學生到臺灣住宿家庭，事後做檢討時，這些雞毛蒜皮的小事，也造成了文化上的小小誤會。

一般法國人以爲洗衣服就是要放很多很多的洗衣粉或洗衣精才洗得乾淨。洗衣服竟然也可以是大事一件！

從洗衣服、穿衣服、曬衣服、整理房間、洗澡習慣、毛巾的使用等等，我們每天的例行公事，彼此瞭解體諒都是小事，彼此「看不習慣」就會造成隔閡，嚴重的就成了誤會。

臺灣學生在法國，如果住在寄宿家庭，冬天法國一定有暖氣，臺灣學生換洗了衣物，會很高興的「曬在暖器上」，覺得眞是方便，衣服很快就乾了，而且房間不會太乾燥，但是這樣的方式，法國房東是很受不了的，因爲除非是在法國南部有太陽又有院子的地方，衣物掛在其他的地方就是亂掛，就是不夠文明。

房間的整理恐怕也容易造成誤會。臺灣的媽媽，如果是純家庭主婦，每天在家裡灑掃庭除，兒女房間如果沒有整理乾淨，恐怕媽媽也會代勞。但如果一個法國年輕人住到臺灣寄宿家庭，「龜毛」的家庭主婦會很緊張，她一定想要呈現最盡責的臺灣媽媽風範，除了不時噓寒問暖，三不五時拿東西給人家吃，還要房間也像自己的孩子一樣，但畢竟這些外國孩子只是過客，接受的文化和家庭教育又不相同，住宿家庭提供的是房間，相處融洽可以多點互動，太多的關切西方人眞的會很不習慣，容易造成誤會。

因此，無論是出國遊學、留學或旅遊，或是接待外國孩子，總是要先做點功課，認識一些對方的文化，用多一點包容的心去接納和欣賞，這樣即使還沒有出國，你已經可以把外國文化引進來。

巴黎時裝秀舞臺

時代不斷的進步與演變，由於飲食習慣的改變，現代的年輕人越長越高，很多女孩也長到一百七十或一百八十公分，這樣的身材，不作運動員就作模特兒。以前可能還民風保守，時代不同了，曼妙的身材，青春豈可留白，因此漂亮寶貝、長腿姐姐紛紛投入模特兒這個行業，一旦成了名，接個廣告，再進入演藝圈，名利雙收、日進斗金指日可待。

東方和西方審美的觀念到底有沒有不同？在東方人眼裡，鼻梁高挺，臉部輪廓凹凸有致就是大美人，我們的模特兒幾乎都是濃眉大眼，很像西方人，因爲我們以爲那樣就是美。然而西方人眼中的東方美女是丹鳳眼，他們就曾經獨具慧眼，選中了一個眼睛超瞇的丹鳳眼美女，送到西方加以栽培，後來成爲超級東方美女的代表。不過至今，仍有一個不變的法則，就是模特兒，無論中外都是非常清瘦，一般模特兒都不敢任意吃東西，有時甚至幾個模特兒同時進到超商，只買一樣東西，大家分享，只讓眼睛滿足一下，告訴自己吃過了。

每年的巴黎時裝秀都是早早開始準備，除了服飾本身的變化，連策展的方式也要不斷推陳出新。比如，二〇一四秋冬巴黎時裝週，香奈兒就以創意推出奇招，購物商場變成了實境秀場！

走進香奈兒秋冬系列位於大皇宮的會場，看到購物中心變成了實境秀，無人能保持冷靜和鎮定，偌大的皇宮空間化身爲購物中心，裡面物品依據類別整齊排列在貨架上，從餅乾、飲料、沐浴乳到清潔、工具用品，各項物品都有獨特的雙 C Logo 包裝，而且設計精美，有的還秀出過往高級訂製系列的名稱，或幽默地貼上某系列的特價標籤。如果世界上眞有如此的購物中心，全世界的女性應該會爲之瘋狂。只見模特兒們就像是在裡面輕鬆購物一般，從購物架和擺滿生鮮蔬果的通道魚貫走出，手上掛著的購物籃竟然都以 Chanel 著名的皮革金屬鍊裝飾，讓所有在場的人爲之驚艷，並且驚呼連連。

名模卡拉迪樂芬妮（Cara Delevingne）穿著高領中空的兩件式洞洞粉色褲裝與毛呢長大衣開場，還不忘從貨架取下一瓶可樂。魚貫而出的模特兒，或穿著球鞋，或編著粉彩髮辮，年輕高調充滿活力地驚艷全場。

除了香奈兒購物籃，有如鎖頭的提包與項鍊，還有球鞋造型的長靴，都是二〇一四服裝展重點的單品。色彩鮮艷的長大衣、套裝，是最基本的，外套和長褲大玩長加短的層次遊戲，白短褲搭寬鬆長褲，長外套上有短坎肩，讓穿衣服這件事充滿樂趣，強調腰線的剪裁或中空服裝繫上腰鍊……，好看實穿又能靈活混搭，這是讓時尚服裝走入生活，放在購物中心的空間裡展覽讓這些服飾相得益彰，也讓香奈兒的創舉在服裝界又添一樁！

住
Notre Dame de Paris
Bonjour
parfum
vin
fromage
croissant

法國沒有開整夜的超市

法國海外超市的成功策略

小中大型賣場（Superette, Supermarché, hypermarché）

喜歡的居家環境

臺灣目前除了偏遠的山區，幾乎所有的傳統小鋪都已被超商取而代之。法國也是一樣的情形，最小型的叫「Superette」，也就是小小超市；一般中型的叫「Supermarché」；超大型的就叫「Hypermarché」。聽說早期法國超商進軍臺灣時，最先前來臺灣做市場調查的是另外一家，當他們在臺灣做完市場調查，向老闆報告結果時，沒有得到老闆的同意。家樂福是之後才進軍臺灣的，有很好的業績，一家接著一家的展店，甚至一個城市就有三五家之多。家樂福的老闆很聰明，知道開超商也要入鄉隨俗，逢年過節的時候，他們還二十四小時營業，其他本土的大型超商還沒做到這一點。此外，家樂福在各地展店，已經採取在地化的經營模式，比方說在臺灣，按照超市所在的位置，會兼賣當地人喜歡的熟食，如果在中國大陸上海，家樂福賣的就是上海口味的熟食了。但是在法國的家樂福一般是沒有賣熟食的。

當時曾經做過市調的第一家法國超商，看到如今家樂福在臺海兩岸的榮景，可能也有些後悔當初的決定吧！

法國人經營的家樂福帶來的邊際效應，應該不只在臺灣超級成功，他對臺灣人來說，尤其是學習法語的學生，在去法國之前，心中就覺得家樂福是有那麼些小小的法國氛圍，因此，我們的學生去法國遊學的時候，在人生地不熟的情況下，會自己逛逛家樂福，那是他們熟悉的法國超市，因為在臺灣時就培養了一份情感，在法國的家樂福走走，也可以解一解小小的鄉愁。

法國人喜歡的居住環境，與我們很不相同的。我們喜歡的是方便，各種生活機能是首要的考量；但法國人喜歡的居住環境，是以寧靜清幽為主，尤其在大都市裡，真正高級住宅區，四周是純住家，沒有什麼商店，絕對不可能有二十四小時的超商。

有一年，法國普羅旺斯大學邀請我去做翻譯工作坊，學術交流之餘，與普羅旺斯的法國老師有許多互動。我發現法國的老師很少住在學校附近的，很多都住得很遠很遠，每天開車好幾十公里，有位老師住在亞維農，每天通勤，為了不和其他的人爭時段，這位老師還上早晨第一堂課，選課的學生也很踴躍，而且十分認真學習。休息的時間，可以看到學生在吃三明治，但是但是，教室裡面課程進行當中，真的沒有人在吃早餐。我在法國讀過書，我所認識接觸的法國人，的確是有文化的，這一點讓我很佩服。我們心目中的法國人很浪漫，法國人聽到這樣的「評斷」會非常感冒，因為他們心中的浪漫是穿著蓬裙，打著小傘，不食人間煙火的十九世紀初的女子，而我們所看到的法國人的生活方式，他們覺得這不過是從容生活罷了。

法國人喜歡純住宅區

- 巴黎的十六區
- 巴黎的中國城
- 拉丁區（Quartier Latin）
- 觀光市場和麵包店

臺灣的麵包師傅吳寶春在二〇一一年法國世界麵包大賽中脫穎而出，贏得世界冠軍，從此以後，法國麵包在臺灣更是大爲風行，尤其是桂圓紅酒口味的法國麵包。不只是吳寶春師傅的高雄本店需要排隊，類似口味的麵包也造成風潮，現在法國麵包已成爲好吃時尚的代名詞，人人都喜歡。

巴黎的麵包店多於我們臺灣的饅頭店，每家麵包店都有自己的忠實顧客。每天麵包有固定出爐的時間。麵包是法國人餐餐必吃的主食，相當於東南亞人的米飯，所有的主菜都得配上麵包。法國最有名的是棍子麵包，外皮酥脆，裡面軟軟QQ的，新鮮法國麵包還眞是好吃！

觀光指南上也有介紹巴黎最有名的麵包店，每當麵包出爐的時間，一定大排長龍，雖然每個人各有偏好和習慣的麵包店，但觀光指南推薦的麵包店生意還是好到不行。巴黎第五區的最有名的觀光市場Mouffetard，其中有的麵包店爲了增快服務速度，賣麵包也有規劃特別路線，客人由前門進入，付完帳由側門出去，以免客人太多會打結。在法國店買任何東西，不會爭先恐後，大家早已養成排隊的習慣。

巴黎行政分區分爲二十區，每個區的行政首長，被稱爲「maire」，沒有前後文的情況下，大家常常翻譯爲「市長」，其實這個翻譯並不是非常貼切。然而有趣的是，的確某些區的「首長」，比如Jacques Chirac擔任過很長時間巴黎第五區的「首長」，這第五區是一個指標性的區域，後來果然當了法國總統。

一般說來，法國人喜歡純住宅區。在巴黎有幾個區域比較特殊，分別是十六區、拉丁區和中國城。巴黎的十六區，是純住宅區，買麵包都要走很遠很遠。這個區域住的多半是律師、醫師等有錢人，因此這個區域連蘋果都比別的區域貴很多。這個區域的商店很少，因爲法國人喜歡清境的純住宅家環境，這一點和臺灣人很不相同。

巴黎另一個有名大家又喜歡的區域，是

拉丁區，也就是大學區，因爲有名的索爾本大學就在拉丁區，也就是巴黎大學的校本部就在這一區。拉丁區並非行政分區，而是一個典型的文教區域，氛圍極佳，很多人都喜歡住這裡。

巴黎有一大一小的中國城，大中國城就在十三區，小中國城在城北的 Belleville。大中國城住的，有來自廣東、潮州、溫州等的中國人，以及越南人、高棉人、寮國人等等東南亞人。

十三區就有三家「陳氏兄弟超市」，此外還有巴黎士多及第一商場等等、亞洲雜貨商店、餐飲業、服裝店、唱片店、免稅店、肉店、保險業等等，包羅萬象應有盡有的，甚至於廟宇祠堂或華人天主堂，每天成千上萬的華人們在此生活及工作，別開生面形成一種巴黎獨特格調，說中文、溫州話或廣東話也會通，所以來到中國城裡會讓華人們更親近鄉土而暫時解除異鄉愁。

法國曾是中南半島的殖民國家，和越南、寮國及高棉都有歷史淵源，越戰至一九七五年西貢的淪陷，高棉紅政權的當政，寮國宣佈自由人民政府，一連串的事件造成東南亞的大量海上難民「Boat People」，一直到八〇年代才漸漸平息這股難民潮，基於人道立場，西方各國都伸出援手，接收這群漂流海上的難民移民。法國也不例外，因此，巴黎十三區的中國城是從七〇年代末開始形成的，爲什麼選擇十三區呢？當時剛好正在開發這新興的高樓大廈區，巴黎建商意圖以這現代化的建築，吸引巴黎中產階級的年輕家庭，但卻沒有成功，因爲這些水泥牆大廈景觀似乎少了綠洲。法國政府靈機一動，就以廉價的補助方式承租給這一大批的難民，人們開始在這新土地上耕耘、開發、投資各式各樣他們所能從事的行業，餐館及雜貨店開始崛起，接著慢慢的接待其流浪在外的親朋好友們，繼續擴大其投資版圖，提供衆多華人的工作機會。

八〇年代的十三區，如雨後春筍般，各種商店進駐，如此漸漸形成一個華人社區，並出現兩份中文報紙：《歐洲時報》及《歐洲日報》。發展至今，法國店面越來越少，由亞洲華人店取而代之，黑頭髮黃皮膚的人越來越多，各式各樣的華人社團林立，甚至間接或直接的投入法國的政治活動，並從十三區擴展至城北或大巴黎區域，甚至於整個歐洲，尤其是「陳氏兄弟超市」的版圖，已擴展至歐洲各大都會，並橫跨歐亞兩大洲。如今巴黎十三區成爲歐洲經濟方面最重要的華人城，每年的農曆新年都吸引衆多法國民衆和大衆傳媒，舞龍、舞獅、花車及化裝大遊行，讓人們彷彿置身在中國一般。

移民法國的華人由來已久，在難民潮之前就有不少華人在巴黎，早期以溫州人最多，他們以「三刀」也就是菜刀、剃頭刀、皮革刀聞名，以前經營餐廳、理髮店或皮包店，所以目前巴黎市第三區皮革街上的皮包大賣商都是溫州人的天下。溫州人很會做生意，也打拚得厲害，據說溫州鄉下只剩下老弱婦孺，他們有「中國的猶太人」之稱。

十三區的中國城，曾經因爲華人遷入，法國人就紛紛搬走，這些華人曾被稱作「黃禍」（Péril jaune），因爲這些亞洲人是黃皮膚，但是久而久之，與亞洲人相處之後，法國人發現，一般亞洲人非常勤奮、低調、友善、平和。以前在法國水果店買水果是絕對不可能讓客人挑挑揀揀的，自從有了華人開的超商，法國顧客也越來越多，因爲，華人超商的東西便宜又實惠，品質也不錯，尤其收銀員工作的效率也讓法國人嘆爲觀止。

因爲法國人原是一個從容不迫、慢條斯理的民族，但是華人可不一樣，華人的勤奮可是讓法國人佩服不已的。

昏黃的燈光　幾乎沒有日光燈

法國
近視眼較少

幾乎多半是
黃色的燈光

燈具沒有
標準規格

現代的年輕人看電視、用電腦都很多，因此視力不比以前日出而作、日落而息的時代。整體說來，臺灣的孩子是進士近視，可能課業繁重用眼過多，因此在群衆當中一眼望去，十個人中有七、八個都戴著眼鏡。法國的年輕人近視眼相對少一些，可能有一個原因，因爲法國的室內光源，幾乎很少用日光燈，家庭裡多半用的是黃色的燈泡。學生的檯燈，一般也用黃色燈泡，六十或七十五瓦，就已經很亮了，這種昏黃的燈光，看似不起眼，但它比較穩定，不刺眼睛。因此，一般說來，法國的近視眼比例沒有臺灣的高。

一般家庭裡，客廳、餐廳、浴室、廁所等，用的都是黃色的燈光。剛到法國時，每當法國友人邀請作客，發現他們的客廳開的也是幾盞昏黃的燈光，最先總覺得不夠亮，待久了之後卻發現，這樣黃色的燈光的確比較柔和，在這種燈光的映照下，每個人看起來都很漂亮。法國無論宿舍、家庭或其他的公共場所，燈光的確多半是黃色的。

法國人的浴室常常和廁所是分開的，這種安排很是實用方便。浴室和廁所的燈光當然也是黃色的，對著鏡子一照，發現每個人看來都比較好看。

有一個現象很特別，法國的燈泡口徑沒有標準規格。記得我們學校有學生短期交流的時候，買了一個檯燈座，但是燈泡是得另外購買的，等到買回來一看，卻發現沒辦法用。因為，燈泡與檯燈座的連結口徑有許多種。一種是像臺灣燈泡的螺旋狀，還有另外一種是卡榫式的，而且燈泡口徑有大有小。我們這位學生買了好幾次都沒買到合用的燈泡，因此我們要特別一提，如果不是很清楚的話，帶著檯燈座去配燈泡就萬無一失了。

此外，法國家用的電壓是二百二十伏特，如果在臺灣買電器用品去法國用的話，一定要和廠商說明是去法國用的，再不然就得選擇兩用電壓的電器用品（bi-tension），每次使用時，注意是在法國或臺灣，撥到適當的電壓一百一十或二百二十。臺灣除了冷氣機，平常都用一百一十的電壓，留學生常用的吹風機和電湯匙，如果電壓不對，小心插上插座就會立刻燒掉。

特別值得一提的是，法國學生宿舍裡的電視間，他們看電視時是坐在黑房子裡，不開燈的，這一點我個人非常不習慣，也完全不能理解，我們臺灣看電視的時候，通常所有的燈都開著，這一點臺灣和法國還很不相同呢！

房子很古老　十年「拉皮」一次

巴黎房子可能超過一兩百年

室內各自維修

室外共同維修

政府有規定十年至少「拉皮」(ravalement)一次

法國的房子相當古老，無論城市或鄉間，房子都非常牢固，比如巴黎，隨便看到一棟房子，可能都已經一兩百年之久。房子雖然年代久遠，蓋得很堅固的，我以前在巴黎租屋的地方，就是房東的外祖父留下的資產，代代相傳留下來的。法國的文化有一項特色，亞洲人看他們覺得浪漫，但是他們做事一板一眼，工程的品質還眞不錯，而且關於房屋維修這一項，無論機關行號或是個人住家，都很注重定期維修，小小的工作有時自己動手 DIY，當然重要的工程還是請專業人士處理，因此在法國幫忙人家整修房屋也逐漸成爲一個搶手的行業。

即使上百年的老建築物，以前都還設有「門房」，因爲通常一個門牌號有許多住戶，甚至一個門牌號裡面還有好幾個院子，當然他們也聰明的設置了信箱，分信的工作就落在門房身上。古早門房的行業常是一對夫婦，很多是西班牙人或葡萄牙人。他們通常坐在一樓的屋內，透過白色的薄紗簾子，觀察進出人物的動向。隨著時代的變遷，門房的行業逐漸式微，目前幾乎已被「密碼」取代，各棟大樓都裝設了「密碼」，而且不時會更換密碼，以免密碼被破解，小偷趁虛而入。

古早時候巴黎的大樓門房很多是西班牙人或葡萄牙人，如果沒有一技之長，他們來法國找工作也不很容易。當然這其中也有臥虎藏龍的人，就像《刺蝟的優雅》（《L'élégance du hérisson》）中的主角，就是一位女門房，看起來雖不起眼，卻飽讀詩書。書中她常引用俄國作家托爾斯泰的作品《安娜．卡列尼娜》的名句：「幸福的家庭都是相似的，不幸的家庭各有各的不幸」，這個句子還眞令人深思啊！

巴黎市容有幾個特色，就是人文的氣息和古樸的外觀。巴黎市區內限建高樓，除了蒙帕納斯大樓，沒有其他的高聳建物，而且每棟建築物的外觀都維持一貫古樸的模樣，就連巴黎聖母院等公共建築在固定維修時，一定有專家監督，保持原貌才是王道。

法國人的住家，可以說維修的非常好，因此一棟房子住上一兩百年並不稀奇。法國政府也有先見之明，政府有明文規定，每棟建築物一定要定期維修，包括門面粉刷，按規定十年至少進行一次門面粉刷，否則要受罰。我在法國讀書的時候就碰過一次，他們先開住戶大會取得共識，然後發包等等。這還眞是不小的工程。在法國很少看到大家用塑膠布，也很少看到煙霧瀰漫的樣子。在大樓「拉皮」的時候，第一件事就是搭鷹架，第二件事是全面掛上塑膠布……好悶啊！眞是煙霧瀰漫啊！巴黎市區建物的「拉皮」，是先清洗，再噴上一層東西，讓整棟建物煥然一新，但是仍然保留古典質樸的樣貌，這就是巴黎市府規定十年一次的建物「拉皮」。關於這一點，法國人很守法，一定按照政府的規定辦理，因此巴黎這個很古老的都市，一直維持她歷久彌新的都市魅力，至今在觀光旅遊上名列前茅，它是全世界的人最愛的觀光景點，也爲法國帶來可觀的經濟收益。

法國人時尚藝術領先潮流，他們很會打扮，也很注意妝點門面，連古老的建築物也每逢十年「拉皮」一次，因此花都永遠是花都，至今沒有任何城市能超越她的媚力！

傢俱的擺設　沙發很少靠邊排排站

布質沙發居多

喜歡有年份的古典傢俱

客廳常鋪著名貴地毯沙發圍著地毯放

客廳飯廳中間有拉門

臺灣地處亞熱帶，由於氣候變遷，冬天越來越短，而且根本不冷，大家已習慣吹著冷氣坐皮沙發、吹著冷氣吃冰淇淋、吹著冷氣一年四季吃火鍋。而法國在溫帶，皮沙發卻不像臺灣這樣盛行，印象中，無論現實生活中或是傢俱展示場，他們喜歡的風格以布質沙發居多。

近年來臺灣的年輕族群中，有時也流行北歐的簡約風格，而法國家庭內的佈置，法國人似乎偏好有年份的古典傢俱，因此在跳蚤市場也處處可見所謂路易十四、路易十六風格的傢俱，不時還有顧客上門來詢問。古典傢俱即使破損了，他們還會找專人修理，對法國人來說，這種傢俱是有價值與文化意義的。

法國人爲什麼對布質的沙發椅情有獨鍾，這可能與當地氣候有關，因爲布質沙發給人溫暖的感覺，即使屋外風風雨雨，室內溫暖如春是很好的感覺。其實法國的夏天是乾熱的，冬天也很少下雪，只有在山區裡或是法國東部的斯特拉斯堡一帶，冬季下雪天比較多。無論如何進入室內營造一個很溫馨的感覺是舒服的。

臺灣的生活方式越來越西化，我們以為大家穿的都是西式服裝，的確也是，但是各地穿衣的方式、喜歡或適合的顏色式樣也都有別。臺灣也有很多人住高樓大廈、花園洋房，室內傢俱除了典型中式的紅木傢俱等外，很多人也都使用西洋式沙發組，或許我們以為和法國很相像，其實不然，客廳裡最大的不同是沙發擺放的方式，似乎中國人的傢俱，多半人都習慣沿著客廳邊緣擺放，覺得這樣可以爭取多一點空間，但在法國，幾乎從來不曾看過全部沙發沿著客廳邊緣擺放的情形，如果客廳夠大，法國人常常會自然的擺放成幾個小區塊，每個區塊四或五把沙發，可能中間放一個小圓桌，下面鋪一塊地毯，營造一種溫暖的氛圍。客廳鋪著幾塊地毯是常見的情形，而且法國人在家裡，除了年長的老人家會穿著拖鞋外，一般人即使在家裡也都穿鞋子，這一點與臺灣也大不相同。除非這家的主人在東方住過，親身穿過東方人的室內拖鞋，他就能體會室內拖鞋的方便與舒適了。

法國飯廳通常也在客廳旁邊，考究一點的中間有隔間的門或拉門。請客的時候，在等待客人陸續到來時，大家先在客廳喝開胃酒，一邊閒話家常，等到客人陸續到齊，開胃酒也喝得差不多了，主人就請客人來到飯廳，這時才把拉門全部打開，客人再由主人一一引導入坐，最主要的女客人是安排在男主人右手邊，而男主客則安排在女主人的右手邊，賓客原則上一男一女相間，這是法國禮儀。然後由女主人開始宣告用餐，這時通常都已經是晚上八點多了。一道一道的上菜、聊天、換盤子……到晚餐結束很可能已經是晚上十點鐘了。

正式的家庭晚宴，有時在飯廳喝咖啡，有時回到客廳喝咖啡、喝茶或白蘭地，以幫助消化。當然再度閒話家常，輕鬆自在的聊天，客人不會排排坐，一定是圍著小圓桌的沙發，自然的落座，這時候沙發椅排放得自在親切也就發揮最大的功能了！

廚房佐料排排站　因為沒有地震

- 廚房佐料排排站
- 銅鍋陶盤掛牆上
- 烹飪刀具大不同
- 最佳醬料：醬油 vs Viandox

法國廚房與臺灣廚房最大的不同是，我們的廚房一定裝設強大有力的抽油煙機，因爲不少的中國菜都用炒的，需要有力的抽風機，然而近年來爲了健康的理由，越來越多的人改變了烹調食物的方式，用汆燙取而代之。其次廚房裡最大的差異是法國人的抽油煙機，即使馬力強大，體積也不會很大，而且法國抽油煙機「長相」與臺灣的不同，它們十之八九都有一個「小小的屋簷」似的，這個不到十公分寬的小小屋簷，常常擺滿了各式各樣的調味料，比如黑胡椒、白胡椒、肉桂粉、迷迭香等，一瓶一瓶站得整整齊齊，臺灣人看到這樣的情景眞的會擔心，別說是九二一大地震，就算是輕輕的地牛翻身，這些瓶瓶罐罐一定應聲倒地，碎成一片片，但是調味料的小瓶子整整齊齊的站在抽油煙機「小屋簷邊」，在法國是司空見慣的景象，因爲他們從來沒有地震。除了這些小小的瓶瓶罐罐排排站之外，法國人的牆壁上常常掛滿了陶瓷的盤子，當作裝飾品和收藏品，各個風景名勝區都在販售當地的紀念陶盤，同時畫家、陶藝家也有在手繪製作，比如畢卡索就做了不少的陶盤，被大家當做藝術品收藏。這對臺灣人來說也覺得有點不可思議，一片牆上掛滿了陶瓷的盤子，的確是相當好看，但我們想的是：萬一地震來了怎麼辦！

牆上除了常掛陶瓷盤子作爲裝飾，法國人的廚房甚至掛滿大大小小的各式銅鍋，蔚爲奇觀，煞是好看。此外，銅鍋煮菜也聽說別有風味呢。

中法大餐各執牛耳，但做飯的基本工具大不相同，尤其是刀子。做中國菜一般家庭至少兩把刀，一把薄刀，切菜用的；一把厚的大刀，剁東西用的。法國人做菜，幾乎家庭裡面很少用剁刀，即使用，也是一把比中國家庭用的剁刀小一號，刀上還有一個圓洞，最重要的這把刀大概虛有其表，既不能剁，也使不上什麼力。法國人也不像臺灣人常用刨刀，很多瓜果，他們都使用一把小刀，頂多這把小刀比平時用餐的刀子鋒利一些而已，就連當作主食的馬鈴薯，如果削皮的話，也是用一把小刀像削蘋果一般慢慢的削，連馬鈴薯切塊，我們一定把瓜果放在切菜板上，而他們是拿在手裡像削蘋果一樣，一塊塊慢慢的處理，可見中法廚藝料理手法大不同。

中國菜有個祕密武器，那就是用黃豆釀製的「醬油」，任何菜加點醬油，配上蔥薑蒜就是美味的紅燒滋味，中國菜的香味馬上飄出來。法國也有一種醬料，叫作「Viandox」，小小的一瓶，倒出來也是深褐色的，目視有點醬油的模樣，雖然它的配方不同，當然味道也不一樣，但是在菜中放上一些也可以稍稍提味，這一點倒是小小的共通處。

家用拖鞋

法國不常穿拖鞋

住過東方的人才會明白拖鞋的方便

老人穿 pantoufle

小小朋友穿 chausson

記得有一次去法國的時候，東西帶得還算齊全，但是出發前工作很忙，倉促之中忘了帶拖鞋，於是到了法國之後的第一件事，趕緊買了一雙拖鞋。忘了這雙拖鞋是哪裡製造的。沒穿多久，有一天當我在家急急忙忙跑去接電話的時候，發現這雙拖鞋的鞋底實在太不堪一磨，真的還沒幾天，鞋底竟然會插進地板的木籤。拖鞋價錢好像也不很便宜，於是我又去買了一雙，這回買了一雙厚底的，拖鞋底部足足有一公分厚。此時，我不禁懷念起臺灣的拖鞋，眞是又便宜又好穿。

在臺灣南部，鄉親逛夜市的時候，只要願意人人都可穿著拖鞋前往，每個人都輕車簡從好生自在。然而在法國似乎很少穿拖鞋，在室內也都還穿著鞋子，記得我去法國朋友家，外面即使有點風雨，我腳上穿著長長的雪靴，我都一定問我的法國朋友，要不要把靴子脫掉，我朋友自己是穿著高跟鞋的，跟不算高，但整整齊齊，他們不是客人來才這樣穿著，因此朋友跟我說不必脫鞋，於是我就在他們門前的棕櫚腳踏墊上，用力的把鞋底的灰塵泥濘給擦乾淨，這就是法國，進屋脫不脫鞋是與我們很不相同的。

在法國一進屋內會穿著拖鞋的，通常屋主與東方文化大概有些淵源。我的同學臺灣人嫁給法國人，家裡大概就會穿拖鞋。另有一次去到一位法國友人家，客人一進門，主人拿來拖鞋，並且盛讚拖鞋有多方便，原來主人來東方做過研究工作，曾經小住過一段時間，已經接受過「東方拖鞋文化」的薰陶，不知不覺把這種文化帶進生活裡。

法國人到底穿不穿拖鞋呢？也有，但穿拖鞋的多半是年紀很大的長者，他們通常穿一雙保暖的絨絨鞋，平平的底但有一點兒淺淺的鞋後跟包著腳。我們臺灣少女流行的毛絨絨雪靴，就是類似歐洲老人家穿的室內保暖鞋的樣子，而靴子筒較高罷了。由於人年紀大了以後，和小小孩一樣，身體對於冷熱調適得比較慢，腳部保暖能讓全身都暖和，所以法國的爺爺、奶奶在室內腳部就會穿得暖暖的。

很小的嬰兒穿什麼保暖呢？在臺灣因爲天氣熱，四季如春，小孩在家裡也像大人一樣，即使冬天也常常光著腳丫滿地跑，覺得回到家裡就連腳丫也要完全自由。在法國的小嬰兒都會穿毛襪保暖，三角形狀用毛線打的，常常可見新手媽媽一針一線照著書本來編織，這一雙雙粉嫩的愛心小襪子叫作「chausson」，通常選用典型的嬰兒顏色，淺藍色是爲男寶寶、粉紅色是爲女寶寶。有趣的是法國西點麵包店有一種點心，長相很可愛逗趣，像極了這個嬰兒毛襪，因此這種點心也叫作「chausson」。

我們的文化裡，從早期的藍白拖，到漂亮的彩色人字拖鞋，現在已經漂洋過海流行到世界各地了。在臺灣人人都穿拖鞋，尤其在家裡、去海灘或去逛夜市；在法國，小嬰兒穿「chausson」，老人家穿「pantoufle」，眞是一方一俗各有所好呢！

廁所、浴室常分開

- 沐浴的時間和次數
- 洗澡的方式
- 路易十六第一次洗澡
- 廁所浴室常分開
- 坐式、土耳其式馬桶和洗腳盆

一般說來，東方人多半晚上睡前洗澡，西方人早晨洗澡，但這也並非絕對如此，可能和每個人所從事的工作有些關聯，要是回家已經三更半夜累得半死，可能會先爬上床睡覺，洗澡則等第二天早晨再說。晚上睡前洗澡，放鬆自在可以一覺好眠；早晨洗澡，精神抖擻容光煥發，工作效率佳。臺灣天熱，夏天流汗多，高興就沖個涼，一天可能嚕啦啦好幾次，但在法國洗澡不如臺灣頻繁，因爲法國氣候乾燥，冬天洗得太多，油脂洗光了皮膚會癢，一定要擦乳液來滋潤保養。

洗澡的方式，臺灣大概天氣太熱，除了淋浴和盆浴外，很多時候都喜歡用「沖的」，不單是洗澡，連地面也都常用「沖的」，因此洗完澡之後，浴室的地面常常是濕濕滑滑的，一定得用拖把拖乾或電風扇來吹，否則後面洗澡的人會很不舒服，這一點與法國大不相同，在臺灣一般人喜歡用大量的水沖刷，這是司空見慣的事，覺得這樣才叫乾淨；但如果與法國人分租房子，或是去法國人家裡作客要格外留意了，這種像水牛一樣的洗澡方式，法國人會很受不了，彼此的誤會往往由此產生，不得不謹慎。

很多人在參觀法國宮殿之後都會有一個疑問，宮殿裡什麼都有，怎麼不見浴室，導覽也會回答，法國的太陽王路易十四，傳說中一年洗澡兩次，當時人的觀念認爲，洗澡太多病菌容易侵入身體，這也就是爲什麼法國的香水業超級發達的緣故。甚至有傳說，路易十六在二十歲時才洗第一次澡，聽這故事時沒有記下來源，已經有點不可考了。

有些觀光客去法國，回來抱怨上廁所眞不方便，因爲一般來說，法國人如果去喝咖啡，咖啡店裡的地下室通常就有洗手間，習慣了似乎也還方便。我們的觀光客無論到哪兒，都是下車尿尿，一整團的人蜂擁而至，要不是休息站整排的洗手間，的確就沒那麼方便。

法國家庭裡面，浴室多半和廁所是分開的，而且甚至是在兩個地方，這一點倒是非常聰明的，兩者如果分開設置的確較爲方便。

法國浴室中，有一種長得很像「馬桶」的東西，叫作「bidet」，有人看到這奇怪的東西，常常會問：「爲什麼法國的馬桶只能上小號？」其實，它是古早時候法國的「洗腳盆」，它不是馬桶。

另外，來過臺灣的法國友人，覺得我們臺灣的蹲式馬桶非常可愛，很像小嬰兒的推車，爲什麼會有這麼奇妙的聯想，因爲法國除了一般坐式馬桶外，有一種馬桶也別具特色，那就是「土耳其式的」蹲式馬桶，約五十公分見方，上面有兩塊凸起的踏腳墊，沖水以後得快快離開，感覺上好像要淹大水的樣子，這是每個外國人初次見識到土耳其式馬桶的印象。一方一俗，連馬桶在世界各地也長相功能大不同哩！

壁紙地板和地毯

牆壁多半用壁紙

地板多半是木質

很少看到用磁磚（浴室廁所廚房之外）

浴室常會鋪地毯

牆上有時掛壁毯、油畫或瓷盤

我們的室內裝潢，牆壁常用油漆或大理石，與臺灣很不同的是，法國最常使用的材質是壁紙，甚至有人在第一棟房子之外，鄉間買第二居所的時候，很多工程喜歡自己動手做，反正也不急著使用，慢慢施工同時享受一下自己動手做的樂趣。裝修第二居所，很可能需要一年半載，因為如果是每個週末前往鄉下，一邊享受自己動手做的樂趣，一邊享受鄉居生活，進度自然就不會很快。法國人是連壁紙都自己動手貼，唯有安裝馬桶這一類的工作會請專業人士來做。

法國氣候較涼爽乾燥，很多人家是鋪地板、地毯，或者是地板上面再鋪放地毯，除了浴室廁所廚房等特殊地點，其他房間幾乎很少用磁磚，法國人多半用木製地板與傢俱，木頭材質能夠自然調節空氣中的濕度，令人有舒適溫暖的感覺。

浴室、廁所、廚房之外，法國很少看到用磁磚，鄉間農舍可能多一點，但臥房客廳等還是以舒適爲主要考量，一般還是地板居多。甚至於連洗澡間的地板，有的人還鋪著地毯，因爲法國天氣冬天較冷，他們不希望洗完澡出來，踩的是冷冰冰的地磚，而是溫溫暖暖的地毯。記得有次去法國朋友家玩，洗澡洗得很高興，非常小心不要溢出水來，但很不巧的，水卻從浴簾悄悄流到地毯上，害得我覺得很不好意思，雖然很小心，還是把地毯弄濕了，讓後面洗澡的人比較不舒服。浴室裡鋪地毯，大概是臺灣民眾很難想像的情境。

另外，還有一點和臺灣比較不同的是，他們的牆壁上常掛著古畫、人像畫等，有的時候，特別是在鄉間古厝或古堡裡，他們常常掛著壁毯，這也可能和當地氣候有關，寒冷的地方，牆上掛著壁毯可能會帶來比較溫暖的感覺。牆壁上要是光禿禿的，住在裡面可能覺得比較冷吧。

此外，法國是藝術家的天堂。華人的藝術家也很多，但在活著的時候就能享受榮華富貴的卻不多，然而有許多藝術家前來法國定居，特別是法國南部普羅旺斯和蔚藍海岸一帶，比如塞尚、畢卡索、馬蒂斯、夏卡爾等，他們生前居住的地方都成了當地的風景名勝，住過的居所都成了個人的博物館，開放給民眾參觀。這些藝術家的確得天獨厚，在活著的時候，受人尊崇，他們住的都是依山傍水、景色絕佳的地方，難怪能給他們帶來源源不絕的創作靈感，產出極好的作品。很多畫家，同時也是雕刻家和陶藝家。畢卡索就畫了許多漂亮的陶盤，純粹裝飾用，掛在牆壁上。

有的人家，特別在外省地方，有人整面牆壁都掛滿了陶盤或瓷盤，非常好看，這在臺灣是絕對不可能的，因爲我們這裡有地震，我們一定要未雨綢繆，因此盤子都收得好好的，很難得掛在牆上，除非屋主曾經在歐洲住過，希望營造一種特別的感覺，否則地震一來，陶瓷的盤子就紛紛落地、碎碎平安了。

衣物曬在何處　有庭院才會曬在院子裡

洗衣機的廣告

城裡不見萬國旗

古早草地曬床單日曬兼漂白

衣物直接掛在浴缸上面滴水

法國南部衣物曬在院子裡

一般廣告最常用的元素是美女、小孩和動物。臺灣家電用品的廣告，幾乎千篇一律都是年輕貌美的女子，穿著純白的洋裝，腳蹬高跟鞋，抱著輕輕的洗衣籃……一副不食人間煙火的樣子，然後就看到幾件純白的衣服在蔚藍的天空下飄呀飄的。法國的廣告，尤其是洗衣機、洗衣粉的廣告，主角不一定是年輕的女子。曾有一則電視洗衣機廣告，主角是一位鄉下阿嬤，圓圓的身材，看來很勤勞很會做家事，衣服當然也洗得很乾淨，這一則廣告非常成功，也令人印象極爲深刻。

法國都市裡，從來看不到衣物曬成萬國旗的景象，因爲都市裡寸土寸金，沒有庭院，衣物自然就得藏起來。洗了的衣物曬到什麼地方？除非有烘衣機，否則是吊掛在浴缸上面，他們有一種可以升降的曬衣架，就安置在浴缸正上方，晾衣服時先把它垂放下來，待衣物掛好，再把它升上去。法國由於氣候乾燥，加上冬天室內有暖氣，衣服即使掛在室內，過個一兩天也有八、九分乾了，通

住

常他們的衣服都會燙，因此雖然衣服沒曬到太陽，經過整燙還是平平整整令人舒服的。

一般說來，只有在法國南部地方、東南部或西南部，人們有院子的時候，衣物當然曬在陽光下，其餘的時候，衣物只好放在室內，等待七、八分乾時整燙，法國都市裡面絕對看不到東南亞國家萬國旗的景象。

記得有年夏天去法國，前往法國友人家玩，他們在鄉下有第二居所，他們帶我到鄰近的小城，晚上看表演吃飯，現在已不記得小城的名字，但當晚的表演令我印象十分深刻，幾乎全村的人，扶老攜幼都參與了表演，可謂「全村拚觀光」。舞臺沿著小河搭建，故事從古早時先民的生活開始演起。記得有一幕，是好幾個婦女，共同協力牽著床單放在草地上，朋友跟我解釋說，古早時生活簡單清苦，床單曬在草地上，除了接受滿滿的陽光，還有天然漂白的作用，至今法國的洗衣店有一種說法就叫做「blanchisserie」，「blanchir」就是變白、漂白的意思。

衣物、床單、擦碗布全部都要燙

- 衣物全部都要燙
- 燙衣有技巧
- 先摺好了再一層層的燙
- 擦碗布專用來擦碗
- 海綿取代我們的抹布

在法國所有的衣物都會燙，無論是衣服、褲子、床單、毛巾、桌布、餐巾，甚至擦碗布，全部都會燙得平平整整，而且燙衣服還有一番技巧在內。爲什麼所有的衣物都要燙呢？可能和曬衣的方式有關，至少城市裡面的衣服是無法直接曬到太陽的。

法國人燙衣服，都是先摺的好好的，比如長褲，是先摺得整整齊齊，放在燙馬上面，比如先燙左腿外面，掀起來燙下面一層，好像翻書一樣，一層一層燙下去，再反過來燙右腿，稍稍燙一下就大功告成了。

燙床單也是如此，絕對不是由西南角燙到東北角，而是先把床單摺得整整齊齊，而且是床單表面在最外面，大約摺成比燙馬略大一點，然後燙一層，翻一層，一層一層燙過去，整個床單就燙得平平整整漂漂亮亮。爲什麼床單表面要摺在最外面？因爲鋪床的時候比較方便，由於摺印清楚而且可以中央對齊。即使在家裡，法國人鋪床的方式也像是在飯店一樣，床墊包一層，床上一層大床單，用來包裹毯子，鋪好了以後，再鋪一層厚厚的床罩，這時鋪床工作才大功告成。

整理床鋪是生活禮儀的一部分，法文有諺語說：「床鋪好了，就要睡覺了。」有點像中文的：「箭在弦上，不得不發」。

由於交通發達，大家旅遊的機會越來越多，彼此交流的機會越來越頻繁。東方國家的生活已越來越西化，西方國家的居家佈置有的也越來越有東方的禪味兒，但生活中東方和西方還是有很多不一樣的地方，比如說，臺灣生活相當西化，但一般很少用擦碗布，在法國，除非是有洗碗機的家庭，他們洗碗會立刻把碗盤用擦碗布擦得乾乾的再歸回原位。我們到法國人家作客時，如果要幫忙，一定記得先問主人可幫什麼忙，特別要注意的是，廚房的擦碗布不是抹布，是專門用來擦乾碗盤用的，千萬別用它來擦桌子，法國人擦桌子用什麼呢？他們用一塊厚厚的海綿，海綿在法國可是用途多了，當我們在廚房裡想要擦拭爐檯或桌面的時候，我們習慣用抹布的時候，他們多半都用海綿，甚至早期在大學裡面擦黑板，他們也是用海綿沾水去擦，這樣也有一個好處，沒什麼粉筆灰。隨著時代的進步，海綿也被板擦兒取代，黑板沒有一塊是黑的，都是墨綠色的，有的「黑板」已經被白板取代，板書也被 **PPT** 取代，不過在法國仍有老師堅持用自己的講義與方式來上課的。

時代再是進步，法國廚房用的海綿和擦碗布仍然存在，不曾改變和被取代，至今，擦碗布在法國就是專門擦碗用的，幾乎每個家庭裡都會把它燙得平平整整，收得整整齊齊，這一點可能超出我們的想像！

家家專設垃圾桶　借用市長大人的姓氏

臺灣垃圾車音樂很浪漫

法國的垃圾桶（poubelle）也有典故

街上還有專門回收玻璃瓶的大桶

臺灣每到收垃圾的時候，就聽到美麗的音樂〈少女的祈禱〉，每個地點收垃圾的時間不同，只見大家人手一包垃圾，行色匆匆，甚至有人騎著摩托車來趕場，不一會兒功夫，垃圾就被車子載走，地上非常清潔。垃圾車放著〈少女的祈禱〉，每家每戶自己把垃圾直接丟在垃圾車上，這種「垃圾不落地」，在最先施行的時候也有一些反對的聲浪，不久以後大家就習慣了，街角不再有成堆的垃圾，各地市容景觀也更加清潔整齊。來臺灣的外國人對於此一現象，也覺得很不可思議。

法語單詞「垃圾桶」（poubelle），目前已經是一個普通名詞。原來有一段故事，「Poubelle」原來是一個人的姓氏，這人名叫 Eugène Poubelle。原來在中世紀的法國，垃圾隨地亂扔，市容髒亂，瘟疫不斷，甚至引起一三四七年的鼠疫（peste）。到十九世紀科學家巴斯德（Pasteur）提出衛生對健康的重要性。一八八四年塞納河省省長 Eugène Poubelle 制定法令，要求房東一定要爲住戶居民配備裝垃圾的容器，並且規定容器的基本容量。

十九世紀末，**Eugène Poubelle** 還提出了先進的垃圾分類概念，要求每家備有三個垃圾箱，分裝：易腐爛垃圾、紙張碎布、玻璃器皿和生蠔外殼！當時的《費加洛報》在評論這項新法令時，用到「la boîte Poubelle」的說法，意思是指「Poubelle」的箱子，這個用法很快的傳播開來，人們開始用「poubelle」來指垃圾桶。一八九〇年「poubelle」一詞正式收入《環球大詞典》（《Grand dictionnaire Universel》）。從此以後，「Poubelle」先生的姓氏在法國就成爲「放垃圾的箱子」了。

厲害的是在那麼早遠的年代，**Poubelle** 先生就已經有垃圾分類的概念，他認爲垃圾應分爲會腐爛的、紙張碎布類以及酒瓶玻璃陶瓷類。的確有了這個大容量的垃圾桶，每家每戶會先把垃圾按分類丟好，次日清晨再由各大樓的門房把加裝了後輪的大垃圾桶送上垃圾車，巴黎市容清潔因此獲得大大的改善，「Poubelle 的箱子」一詞不斷爲大家流傳使用，久而久之，垃圾桶不論大小，一律被叫作「poubelle」，「Poubelle」先生地下有知，不知是該悲哀還是欣慰呢？

法國的綠衣天使　狗狗大使清道夫

聽說以前在上一個世紀，上海法租界裡面，有些所謂高級的場所會掛一塊招牌，上面寫著「中國人與狗不能進入」。這樣的招牌無論對人或是狗都是奇恥大辱！爲什麼人需要分等級？難道某些人種眞的比較尊貴嗎？不是的，人人生而平等，因爲出生在不同的時空，接受了不同的教育和文化，長成了不同的樣貌和膚色，追根究底，大家都是人類，沒有說誰一定比較高貴，只因爲在不同的時空，造就了不同的命運與機緣，看起來好像命運大不同了。

再說人類最忠誠的朋友小狗，每隻狗狗也命運大不同。的確至今仍有很多地方在進門處，就畫一個紅色的圓圈，加上一條斜槓，禁止小狗進入，就像是禁菸的標誌一樣。然而狗狗對人類的貢獻是正面的，看來卻跟一支有害的香菸是同等的評價，由此可見狗狗受到多麼不公平的待遇！

在某些時代裡，當人們不敢對別人說心裡話的時候，養隻狗可能還可靠些。現代養寵物的人，其實是把小狗當人對待，這些狗狗就是家中的小毛人，這些「毛小孩」聽話、忠誠、貼心、不會頂嘴、不會向主人要錢……。

小狗狗可是尊貴了，小型狗理髮一次，小修三百元，大修六百元，這還是便宜的價錢。以前我在法國讀書的時候，有次經過一家狗美容院，看到狗狗剪完頭髮，吹風之後，美容師還抱著狗狗親了好幾下。法國的狗狗理髮店，它也像法國的一般理髮店一樣，有很大的玻璃窗，剪髮、燙髮、染髮的價格都清清楚楚的寫在櫥窗上。狗狗理髮的價格，通常是比人還貴好幾倍的，因爲牠們是寵物，是需要主人好好的照顧與呵護的。

法國人很愛養狗，常常當我們經過一輛汽車旁邊，汽車或許停在那裡，一個出其不意，裡面坐著一隻好大的狗。路人要是驚擾了牠，牠可是會汪汪大叫的。有人就說笑：「當中國狗看到法國狗的待遇，恐怕也要鬧革命了。」

法國城裡街上時常可見遛狗的人，公園裡也有給狗狗方便的地方。此外還有一種身穿綠衣褲的人，騎著摩托車，摩托車後座有個高起來的置物盒，「綠衣天使」在臺灣是送信的郵差，在法國是專門處理狗狗便便的人，正因爲有他們的服務，巴黎市容得以保持清潔，否則一不小心，踩到「黃金」，心裡一定大罵五個字母「merde」（狗屎），噓，可千萬要小聲點，這五個字在法文裡可是超級的粗話哩！

MERDE可是法國超級的粗話呢！
MERDE

雙層玻璃窗　天熱時不開窗子，以免放進熱空氣

- 屋齡上百年房子蓋得很牢固
- 古典的電梯
- 現代改裝的電梯
- 別把熱空氣放進來
- 雙層氣密窗隔音隔熱冬暖夏涼

法國的房子，無論城裡或鄉下，很多房子都超過一百年，蓋得相當堅固，許多房子是曾祖父、外曾祖父留下來給後代子孫的。當然得不時加以修繕，然而屋況都相當好，牆壁厚實堅固，比起現代建築毫不遜色。

法國巴黎市區的建築限建高樓，除了蒙帕納斯大樓（Tour Montparnasse），在一九七三年完成，高二百一十米，有五十九層樓。它是法國巴黎市中心唯一的一幢摩天辦公大樓，直到二〇一一年，巴黎西邊 La Défense 地區蓋了第一高塔（First Tour），它的高度略超過蒙帕納斯大樓。蒙帕納斯大樓爲當時歐洲最高的摩天大樓。現在它是全法國最高以及歐盟國家之中第九高的摩天大樓。

法國城裡的電梯，如果早期就安裝好的，就像是希區考克的電影裡那種，外觀很古典，裡面是

兩片推門而入的玻璃門，外面一層是左右拉的柵欄，只要有任何一個樓層沒有關好，電梯就會卡在半空中。不過有電梯的確帶來許多方便，這種電梯什麼時候開始流行已不可考，不過它的確是一項特色。記得以前當學生的時候，法國朋友請吃飯，他們就住在蒙帕納斯附近，待我轉了好幾道地鐵，搭了電梯來到他們家，出了這種古老的電梯，來到他們家門前，我幾乎被嚇了一跳，原來他們大門上裝了鏡子，這在臺灣是從來沒有的事。

到了一九九〇年代左右，巴黎的居民也會按照住戶的需求加裝電梯。法國人還眞聰明，他們的樓梯原來是木質的，呈螺旋狀，如果所有的住戶都一致同意的話，他們就會犧牲一點樓梯的寬度，裝設一個箱型電梯。

法國的樓層計算方式和我們有所不同，地平面那層有個特別的名稱，他們叫它「Rez-de-chaussée」，堆疊上去的樓層才叫作一樓、二樓等等，因此法國人的三樓就已經是我們的四樓了，住四樓其實還好，心中感覺才是三樓而已，萬一有皮箱或重物，有電梯才眞的方便！

各地居民開門開窗的習慣不同，看似簡單不過的門窗，大家使用的方式，開門開窗的頻率也不同。我在法國讀書時的第一個室友，是一位象牙海岸的黑人女孩，當時才不過十月的歐洲，微微有點涼爽的天氣，對她來說已經冷到受不了。其實，各國人有不同的體味，亞洲人毛細孔較細，味道不明顯。另一個原因可能是由於食物的關係。我的非洲女孩室友皮膚黑黑的，洗完澡回來裹著一條大浴巾，隨著音樂翩翩起舞，很有節奏感，臀部微翹，好像背著一個小鼓一樣，幾乎每個細胞都在舞動，眞是好看，不過可能上帝在造黑人的時候在烤箱放得久了一些，黑人的確有體味！

每當我的室友不在的時候，我就把窗子打開透透氣，覺得好舒服，巴黎的空氣好清新，但是她回來的時候，就覺得房間好冷好冷，時常爲了開窗關窗我們的意見會不一樣。

另有一次，我的房東是法國人，他們對臺灣學生印象很好，對我也非常友善，時常請我吃飯，待我如同家人。法國到了夏天還是有點熱的，有時還相當熱，我們有幾個臺灣房客，習慣性的把窗子大開。房東看到趕快說：「快把窗子關上，免得把熱氣放進來。」這一點與我們的想法略有出入，不過也不是完全沒道理，就像在臺灣前一陣子突然寒流來襲，我們不也是把門窗好好的關緊，窗簾拉上，把熱空氣留在室內，冷空氣關在外面，其實那種兩層的氣密窗，外加一層厚厚的牆壁，窗子關好，室內室外會差好幾度呢！

行
Notre Dame de Paris
Bonjour
parfum
vin
fromage
croissant

巴黎的通用月票　橘卡 Carte orange

1975 推出 Carte orange

2005 推出 Passe Navigo

2009 橘卡縱橫三十年

橘卡帶來巴黎交通的春天

原來在一九七〇年之前，巴黎的交通也很繁忙紊亂，搭乘不同的交通工具，需要不同的票證，各種票證可能有五六種之多，造成民衆很大的不便。到了一九七五年，巴黎推出了橘卡，最先是爲上班族設計的，還需要工作單位提供資料證明，本來他們預估會有六十五萬人購買這種通用月票，沒想到不到六個月，竟然有九十萬人購買，於是他們擴大使用範圍，造福了整個大巴黎地區通勤的人，上班族也好，學生也罷，大家都覺得這種通用月票便利多多。

整個橘卡設計的概念，就是一卡通用，不限搭乘車種、不限搭乘次數，以週票或月票方式出售。個人按自己通勤的距離，購買適合的區段票，如果你住在巴黎市區中心，購買一至二區段票就好；如果你住在巴黎市郊，就須購買三區段、四區段甚或五區段的票。總之，這張小小的票證，是有磁條的，他可以搭乘地下鐵（métro）、捷運（RER）、公共汽車，甚至市郊的火車，實在非常方便。

在此之前，巴黎還是使用人工剪票，之後就開始使用磁卡了。

爲什麼「橘卡」一票而紅，獨領風騷三十多年，而且世界各國紛紛仿效，因爲它以一張小卡片簡化了各種票證，而且每天搭乘次數不限，爲一般民衆省了麻煩，也省了荷包。

以前，巴黎市區搭公車的都是銀髮族，因爲地下鐵路線的緣故，需要上上下下，尤其在轉車的大站，需要走很長的路，老人家可能筋骨痠痛，他們搭乘公車需要走的路比較少，當然還有一個重要的原因，以前的公車票價，按照路程遠近計算，有時需付兩張，甚或三張車票，對年輕人來說是一項經濟負擔。然而自從有了橘卡，的確活絡了巴黎市區的交通。有的年輕人爲了趕時間，會先搭一段公車，再去搭地鐵或去趕火車，因爲現在反正是一張月票，一次付清，搭乘次數不限，大家覺得很合算，此舉方便了市民，也大大提升公共交通的使用率，眞是一舉數得的成功案例。

一卡通用到底

橘卡大大改善了巴黎的交通狀況，提升了公共交通工具的搭乘率，在巴黎足足風行了三十年，直到二〇〇五年，他們開始推出Passe Navigo，後來以Navigo semaine（週票）以及Navigo mois（月票）來取而代之，畢竟「橘卡」縱橫巴黎超過三十年，直到二〇〇九年，大家仍然習慣稱這種通用月票爲橘卡（Carte orange），因爲它是很多人心目中充滿陽光柳橙般的記憶！

不識字也能搭乘百年地鐵

巴黎地鐵（Métro de Paris）於一九〇〇年起營運至今，有十四條主線和二條支線，共計三百〇三個車站和六十二個交匯站。

巴黎地鐵站在一九〇〇年代建造之初就做了整齊劃一的美學規劃，並在後續的翻新工程中予以保留。車站牆壁一般用白色磁磚覆蓋，因爲初期的車站燈光亮度較低，可以藉由白色磁磚反射，使車站看起來較爲明亮。站牌通常爲藍底白字，但有的車站則直接將站名以藍底白字寫在牆磚上。

巴黎地鐵早期車站內並沒有什麼裝飾，直到二次大戰以後，地鐵站的照明更換爲日光燈，才發現牆壁上的磁磚已經開始剝落，爲了結束這種「白磁磚覆蓋」的單調性，及呈現更好的商業廣告效果，巴黎大衆運輸公司（RATP）於一九四八至一九六七年針對七十三個車站進行了「鑲邊牆裝飾」（Carrossage）。不過這種裝飾卻給車站牆體維護帶來不便，因爲必須將鑲邊牆鑿開，然後再重新砌上。因此，自二〇〇七年開始，鑲邊牆陸續被移除，換回傳統的白色磁磚。

另外，還有二十個車站在一九六〇年代末磚面被砌成橙紅色，車站拱頂的磁磚被移走，形成一種新的裝飾，穆頓．杜維內站（Mouton-Duvernet）是第一個這樣裝飾的車站，因此這種裝飾又被稱作「穆頓裝飾」（Mouton Style）。但這種橙紅色卻讓車站顯得暗淡，並且令乘客產生不安的感覺，結果它並沒有得到太多推廣，並且有數個採用「穆頓裝飾」的車站在後來的翻新工程中被移除。

自一九七四年開始，巴黎大衆運輸公司又選擇了一種新的裝飾方式。車站仍採用傳統的白色磁磚，另外搭配以車站座椅和月臺上方照明燈箱的顏色變化（比如這一個車站爲黃色，下一個車站爲紅色），這種裝飾方式名爲「莫特．安德魯裝飾」（Motte-Andreu）。此後的十年間，「莫特．安德魯裝飾」被應用到上百個巴黎地鐵站當中，其中有數個就是當時新建的地鐵站。而一九八〇年代中期，二十多個地鐵站又有了新的裝飾「道聽途說」（Ouï-dire），經過改造的照明燈罩可以讓燈光在車站拱頂產生彩色光斑。

有的車站裝飾富有文化氣息。比如 1 號線的羅浮宮站，裝飾和附近的羅浮宮保持一樣的藝術風格。11號線的工藝美術館站（Arts et Métiers）則被裝飾成潛水艇的模樣。

目前，巴黎地鐵從每日清晨約五時三十分開始營運，各線路的首班車從起站開出，至次日凌晨一時十五分服務停止。二〇〇六年十二月二十三日起，每週六晚上至週日凌晨服務延長一小時至二時十五分，同年十二月三十日起，節日前夕至節日凌晨亦延長服務至二時十五分，二〇〇七年十二月七日起，每週五晚上至週六凌晨服務亦延長一小時。

在交通尖峰期，列車平均二分鐘一班，客流量較大的線路，如 1 號和 4 號平均一分半鐘一班；離峰期四分鐘一班；深夜八分鐘一班。逢重大節日，如新年夜、音樂節（Fête de la Musique）時，

1、2、4、6、9和14號線改爲二十四小時通宵營運，但只停靠部分車站。

乘坐巴黎地鐵和其他公共運輸工具的長者、多口之家的家庭成員和一些特殊族群可以享受打折優惠。享受國家醫療援助（Aide médicale d'État）和最低收入就業保障（Revenu minimum d'insertion）的人群，自二〇〇七年四月以後，可以免費乘坐大巴黎所有公共運輸工具，而享受連帶特殊補助金（Allocation spécifique de solidarité）和單親補助金（Allocation de parent isolé）的乘客在二〇〇八年十一月一日之後亦能享受此項免費服務。

巴黎地鐵早先曾有一等和二等車廂之分。一等車廂位於列車的中段部分，列車發生碰撞時那裡相對安全，並且座位上配有軟墊（二等車廂在二次大戰後也配了軟墊）。一九八二年開始，持二等車票的乘客在當天九時之前和十七時之後也可以享受一等車廂的服務，一九九一年以後，車廂不再有等級之分。

大巴黎每日通勤族達到了二千五百萬人次，其中乘坐巴黎地鐵的就有四百五十萬，佔百分之十八，略高於乘坐公車的人數（約佔百分之十六）和乘坐RER、遠郊鐵路的人數（總共約佔百分之十五）。但對於二百萬居住於巴黎市區的居民而言，由於路面交通擁擠，地鐵就成了他們出入交通的首選，在巴黎市區內每日的通勤族當中，乘坐地鐵和捷運（RER）的比例高達百分之五十，這個比例遠遠高於乘坐私人交通工具（百分之二十六）和公共汽車（百分之十七）的人數。

一旦地鐵罷工，巴黎幾乎寸步難行。一九九五年的法國大罷工一度讓滑輪成爲交通工具，甚至有人買腳踏車代步。

巴黎地鐵超過一百年，隨著時間逐步更新，從一開始它整體的規劃就相當完善，它是街友冬天的棲身所、街頭藝人的表演場，也是巴黎廣告的天堂，坐在地鐵月臺候車的時候，看看不時更新的廣告，就知道最近又有什麼新產品。從這些創意又唯美的廣告中，我們可以讀出許多訊息：語言的、文化的、美學的……在巴黎學習，一個很大的好處就是隨時隨地浸泡在這樣的文化情境裡，要想不受薰陶也很難。

巴黎地鐵還有一個很便民的地方，即使不識字（的確有些外來人口不懂法文），只要認準要去的目的地，看清楚它的線路與顏色，在巴黎搭地鐵的確不難。

TGV子彈列車　訂位價錢不一樣

TGV子彈列車就是高鐵

買了車票還要訂位

訂位價錢因時而異

子彈列車是劃時代的交通工具

法國子彈列車TGV（Train à Grande Vitesse）安全、快速、舒適！

法國高速火車——TGV法國國營鐵路公司（SNCF）以網路四通八達、服務無遠弗屆著稱，是世界最好的國營鐵路之一。法國在一九八一年首次以高速子彈列車（TGV）行駛於巴黎與里昂之間，全程不到兩小時，比以往火車所花的時間整整縮短了一半的時間，目前法國高速火車在車速測試中最高可達每小時約五百一十一公里，一般行駛速度則爲二百五十五公里，至今以客運火車而言，法國火車是世界上最快的火車之一。

法國的TGV的車廂可以分爲頭等車廂以及經濟車廂，車廂內的座位分別是2+1以及2+2（部分車廂座位會有不同），基本上座椅都可以旋轉並有摺疊式的桌子，附上照明小燈，有些頭等車廂都有附上插座以利乘客使用筆電辦公，除此之外，每次TGV列車都會加掛餐車提供輕食料理以及正式餐點（午餐或是晚餐），讓搭乘 TGV 的旅客安全、輕鬆、平穩的享受窗外法國田園景緻，並迅速的抵達目的地。

TGV 目前法國主要的路線，分別是：TGV-Paris/TGV-Marseille/TGV-Montpellier/TGV-Lille/TGV-Bordeaux/TGV-Nantes/TGV-Lyon/TGV-Rennes。因爲法國國土面積遼闊，且有許多平原，非常適合發展高速鐵路，目前更擴展到周邊國家，如比利時、英國等……特別是英法之間的歐洲之星，更是有效縮短兩國的距離，深受歐洲遊客的喜愛。

法國是歐洲最早推展高速鐵路的國家，從一九八〇年代開始，最初在平靜的田園生活也引起了軒然大波，畢竟它爲繁忙的現代人提供了最爲便捷的交通工具，里昂到巴黎兩小時不到，這眞是不可思議的方便，原本爲商務人士設計的高速火車，也成爲一般市民常常搭乘的交通工具。

和臺灣不同的是，他們的票價隨時段不同而有很大的出入，最特別的是，買了車票還需另外做一個「訂位」的動作，如果沒訂位，即使車廂還有空位，是不可以胡亂坐的，這是違法的。特別的是訂位的價錢也不一致，同一區間、同一時刻的子彈列車，在不同的日子訂位的價錢也可以相差很多呢。

法國買火車票，一般對青少年（二十五歲以下）或年長者，或雙人出遊等有各種的優惠，先打聽清楚，會省下不少錢，他們也有我們所謂的「早鳥票」，購票越早省的越多，不過 SNCF 也不是省油的燈，這種早鳥票也限制很多，除非你很確定自己的行程不會改變，否則也不一定划算。

這種子彈列車已經越來越普及，在其他的國家也紛紛建造，它的確改變了人

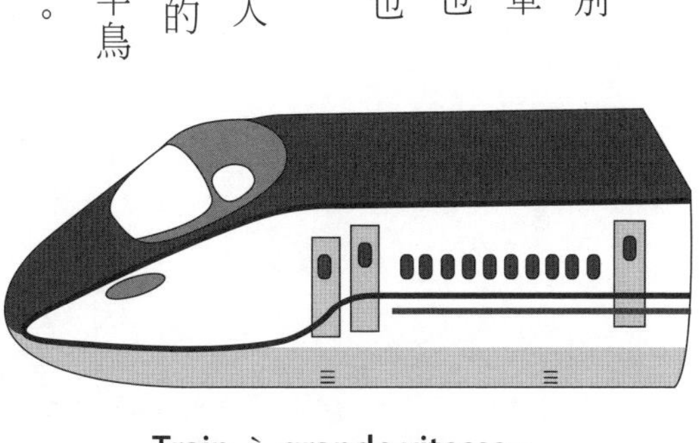

Train à grande vitesse，
法國最初推出的高鐵，我們叫它「子彈列車」。

們的生活型態，在交通上省下了不少的時間，可以做更多的事情。就像臺灣的高鐵，已取代了南來北往的小飛機，以往在鼎盛的時候，幾乎每十五分鐘就有一班飛機起降，頻繁的像公共汽車一樣，但現在一般人出差，都是搭高鐵，省去了住宿與往返機場的時間，的確，世人的生活都因高鐵而大大改變，這也是大家始料未及的。

大西洋號破紀錄

南特：布列塔尼地區的首府

科幻小說家 Jules Verne 的故鄉

南特：最綠的城市／最適合人居住的地方

法國自從開始興建子彈列車，即我們所稱的高鐵，改寫了人們的生活型態，帶來許多便捷，當然也破壞了原本鄉間平靜的生活。

不可諱言的，子彈列車的確改變了人們的生活方式，比方說你可以住在里昂，卻在巴黎上班，不過兩個多小時，你就可以由巴黎到里昂，眞是太方便了。

原來由巴黎到西部南特（Nantes），快車也需要五個半小時以上，有了TGV以後，巴黎到南特，只要三個多小時，巴黎成了法國全國各地的轉運中心，縮短了城鄉與各個城市之間的距離。巴黎至南特間的大西洋號曾經破TGV的行駛紀錄，每小時超過五百公里，一個簡單的概念，也就是說，比方臺灣由南至北，不到一小時就到了，從這個角度來看，我們不難想像子彈列車對人們生活的影響有多大！

說到大西洋號，必須提到它所連接的城市——南特（法語：Nantes，布列塔尼語：Naoned）。它是法國西北部大西洋沿岸的重要城市，城市主體座落於羅亞爾河下游北岸，距入海口約五十公里。都會區的人口約八十萬，南特是法國人口第六多的都市。

南特同時是羅亞爾河地區與大西洋羅亞爾省的首府，也是布列塔尼地區歷史上最重要的城市，在文化上也是如此。南特這個名稱源自於Nemn tes，這是一個羅馬帝國攻佔高盧之前定居於此的一個部落。《時代雜誌》在二〇〇四年時將南特選爲歐洲最適合居住的城市。

南特目前是法國最大的電車網路，曾在一九五八年結束，後來在一九八五年又重新營運。

隨著大西洋線的開通，幾條子彈列車路線也通過南特，經由這些路線可以抵達巴黎、里昂、里爾、馬賽與斯特拉斯堡。經由區域列車Corail，人們可以從南特通往坎佩爾（Quimper）、拉羅謝爾（La Rochelle）、波爾多、里昂與土魯斯。法國高速鐵路大西洋線（法語：LGV Atlantique）是法國高速列車的其中一條路線，……一九九〇年五月十八日：TGV列車於本線達到當時世上最快輪軌高鐵，速度爲515.3km/h。

南特在二〇〇三年被《L'Express》票選爲法國「最綠的城市」，這個城市同時也在《Le Point》二〇〇三年與二〇〇四年被票選爲法國「最適合居住的地方」。《時代雜誌》在二〇〇四年八月稱南特爲「歐洲

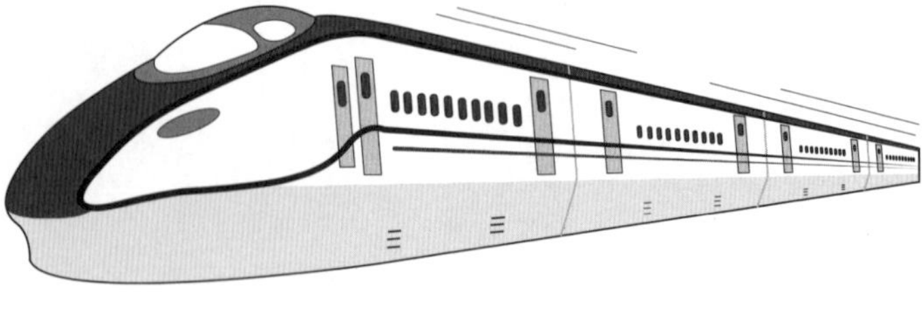

大西洋號(巴黎~南特)，時速每小時超過500公里

最適合居住的城市」。

南特有名還有一個重要的人文因素，科幻小說家儒勒・凡爾納一八二八年出生於法國南特，他的代表作有家喻戶曉的《地心歷險記》、《海底兩萬里》、《環遊世界八十天》等。他一生寫了六十多部大大小小的科幻小說，總題爲《在已知和未知的世界漫遊》。他以其大量著作和突出貢獻，被譽爲「科幻小說之父」。由於凡爾納知識非常豐富，即使在十九世紀，他小說作品的著述、描寫多有科學根據，無論是《環遊世界八十天》、《地心歷險記》或是《海底兩萬里》，其中的描述鉅細靡遺，我們不得不讚嘆，當時他小說的幻想，如今成爲了有趣的預言。當然聰明的法國人也很擅長利用這個軟實力宣傳他們都市的文化。

偌大的火車站　多久以前需到站

巴黎火車站有七個

車站月臺有的多達幾十個

各車站服務臺也有無數個

廢棄車站可以改裝為美術館

在巴黎有七個火車站，法文火車站叫「Gare」，外國人問路，你說「station」，他們也懂，但是在法文裡，「station」指的是都會裡地鐵的車站。因爲法國幅員廣闊且運輸量大，如果只有一個火車站的話會造成嚴重的塞車，一個城市有七個火車站，厲害吧，更能分散一定的風險，不管是機械風險還是恐怖攻擊。

1. 巴黎北站（Gare du Nord）

去北部的國家如德國、比利時、荷蘭，還有搭歐洲之星去英國，都從這兒出發。這也是巴黎最亂的火車站，需提高警覺。

2.里昂車站（Gare de Lyon）

到中部、南部，如里昂、馬賽……往其他東南方向的國家如瑞士、義大利等。

3.蒙帕納斯車站（Gare Montparnasse）

到西南方向，如波爾多、土魯斯等地。

4.巴黎東站（Gare de l'Est）

到巴黎東部，或是其他東邊的國家如德國、瑞士等。

上述四個都是法國高鐵TGV車站。這麼多車站，別擔心找不到，買票的時候，火車票都寫是哪一個車站，所以要坐車前，一定要確認好，要到哪個車站去，以免走錯了，因爲每個火車站之間，相距甚遠。

以下5.～7.就是一般火車站，不是高鐵車站。

5.貝爾西車站（Gare de Bercy）

往勃艮第（Bourgogne）。

6.奧斯特利茨車站（Gare d'Austerlitz）

一般火車往法國中部、南部。或是前往巴賽隆納、馬德里、夏暮尼的夜車。

7.聖拉扎爾車站（Gare Saint-Lazare）

往諾曼地等方向。

巴黎有好幾個火車站，往不同的方向，在不同的火車站搭車，搭車前一定弄清楚，沒看清楚，臨時從一個車站往另一個車站趕，是絕對來不及的，因爲兩者之間的距離頗遠，搭計程車，少說需半小時以上，何況還有交通擁擠塞車的時候。

法國人搭車，和臺灣人很不一樣。我們現在已有了高鐵，只要沒有交通阻塞，很多人是算得精準，十分、八分鐘前才到站，當然很多人車票是早先就買好的，一到車站刷了票就往月臺飛奔。這種情形在法國是不可能發生的。一般法國火車站也是與地鐵連結，好幾條重要路線集結在一起，十分方便，但進站出站就要一點時間，到了火車站，月臺往往就有好幾十個，哪怕半個小時以前到站，時間也剛剛好而已，因爲要上上下下，還要看好月臺以及班車號碼，並且車廂號碼等等，萬一不小心會坐錯車的，因爲有可能「同一時刻、同一方向有兩列火車同時出發」，只要一個細節沒看清楚，就會搭錯車子了。

因此在法國搭火車，至少半小時以前到站，否則跑也是來不及的！

另有幾件事特別值得一提：

第一、有的車站雖然很小，只要掛有「SNCF」字樣，你就可以在那兒買火車票了，因爲所有的火車站都有連線，並不是去北邊，非得在北站買票不可。

第二、千萬別在火車站與朋友相約，因爲法國火車站又多，每個車站又奇大無比，哪裡是定點很難說，找人會變得更加困難，比如說在某一火車站，哪怕是「服務臺」會面，一個車站的服務臺也可能有好多個哪！

火車或者高鐵已經是世界通行的交通工具，但各地搭乘的基本習慣很不相同，入鄉隨俗才能比較自在。

此外，在文創產業方面，法國人也不落人後，他們把閒置的奧塞火車站（建於一九〇〇年，一九三九年關閉），在一九八六年，法國人把它改裝成博物館，這就是奧塞美術館（Musée d'Orsay），專門展出從一八四八年到一九一四年間的繪畫、雕塑、傢俱和攝影作品，以及印象派的畫作，成爲巴黎觀光客必定造訪的景點。大廳中至今還保留著原來的車站大鐘。

妙齡少女俏司機

法國早有公車捷運系統（英語BRT：Bus Rapid Transit）

公車準時發車早早收班

駕駛公車從容不迫

妙齡少女開公車

臺中市從二〇一四年開始推動公車捷運系統（BRT），的確，當一個都市的大眾交通方式改變的時候，整個都市的風貌都隨之改變。

其實在法國，許多年前就有這種公車捷運系統，很多的城市都可看到這種兩截的公車。兩截公車的車身加起來很長，轉彎的時候尤其需要較大的空間與高超的技巧。兩截公車銜接處有一塊圓的底盤，轉彎的時候乘客最好避免站在此處。

有一點和我們很不相同的是，我們現在已有計程車女運將，但公車司機，似乎很少看到女性，然而法國在幾十年前就已有妙齡少女開公車，真的是非常年輕的溫雅少女，開起車來斯斯文文，平穩啓動，從不緊急煞車，搭乘這樣的公車眞是一種享受。

在臺灣的大都市裡，公車駕駛多半是中年男子，公車收班的時間，尤其在大都市裡，可能幾近深夜，我們實在很難想像，在法國，比如圖爾（Tours）這個城市，公共汽車晚上八點多就收班了，如果學生住在郊區一點的宿舍，末班公車開走以後，回家就得搭乘「自備的11路公車」一二一的走回去了，走回宿舍可能真的需要四、五十分鐘，在城裡吃的巨無霸冰淇淋，名叫「Ras-le-bol」（意思是讓你一次吃個夠），這種冰淇淋是用一個超大的玻璃酒杯來盛裝的，裡面五顏六色的冰淇淋和配料，少說應有十幾球以上，點了這種冰淇淋「Ras-le-bol」，最先真是無限滿足，吃啊吃的，好滿足，吃到後來發現實在太大太多了，怎麼老是吃不完，因此聰明的老闆爲這項冰品取了這麼一個創意的名字，大家都趨之若鶩，吃了一次永難忘懷，而且吃了一次，滿到喉頭，三個月都不會想吃冰淇淋！有趣的是吃完了冰淇淋，末班公車早就跑了，只好摸著涼涼的肚皮，一二一花四十分鐘走回宿舍。法國人最後一班公車收班那麼早，對臺灣人來說真的很難想像，不知道和他們的「妙齡少女當駕駛」有沒有關聯？

我們的公車在七〇年代還有車掌小姐，法國人早早就是一人作業，由駕駛一個人，從容不迫的賣票、收錢，一切妥當才徐徐發動開車，如果遇到需要協助的對象，我印象中有一對母女每天搭車，女兒是唐寶寶，我記得司機特別加以關照，讓人覺得分外溫暖，那幅溫馨的畫面，至今留在腦海裡，這是我們凡事講求效率的社會，很少看到的情境。

此外，如果當天車子很擠，如果你已購買了月票，自己上車就行了；人不多的時候把票證給司機看一下，人太多擁擠的時候，就彼此尊重與信任了，說實話每個人都很守法，少有人逃票，偶爾被抓的逃票人，十之八九都是外地來的呢！

汽車分享共租制度——一切為環保

無人駕駛的地鐵

汽車共租制度

減少空氣汙染、改善環保為優先

在法國，巴黎、里爾、里昂、馬賽、圖盧茲和盧昂等六個主要法國城市均設有地鐵系統。地鐵由於具有快捷方便等特點，深受法國當地居民歡迎。法國地鐵主要貫穿於市中心，也有線路延伸至近郊地區，再通過公共汽車貫通東西南北。

無人駕駛的地鐵在上個世紀九〇年代在法國、新加坡等國就已開始。法國的里爾、里昂均有無人駕駛的地鐵（某些線路），早在九〇年代就已經上路開始營運，大家搭乘也很習慣，一般乘客搭乘的時候，似乎沒什麼特殊的感覺。巴黎從二〇一二年也開始對某些地鐵的線路開始著手研究，推動進行無人的駕駛。

地鐵加上公車，只要都市公共交通銜接得好，大家寧可搭公共交通工具，因爲省時、省事，而且能節能減碳，對大自然的生態比較環保。法國大都會裡，一旦地鐵罷工，對各行各業的影響就很大了。有一年巴黎地鐵大罷工，所有的人上班不得不另想辦法，很多人紛紛購買腳踏車，聽說還有的人坐船從郊區沿塞納河去辦公室上班。

汽車租賃制度在法國已行之有年。目前全世界的人都意識到環保問題的嚴重性，如果我們再像以往一樣，無止境地消耗能源，總有一天，我們會沒有能源可用。何況大家都已經感受到，目前一年比一年熱，這就是大家都爲了方便，擁有自己的機車或汽車，但這些都需要靠汽油，「石油」有一天會耗盡，更嚴重的是，當我們到哪裡都方便的時候，相對地，汽機車也隨時排放了「二氧化碳」，破壞了整個大自然的自然循環系統，一方面天氣越來越熱，另一方面間接影響植物的正常生長，農民爲了生存，就噴灑化學殺蟲劑，環環相扣的結果，最後還是回到「始作俑者」人類的身上。

爲了節能減碳，一個家庭從原來的兩部房車，減縮到一部。有需要的時候就去租用。以前租車以每天爲單位計算，現在可以小時來計算，因此一輛汽車在一天當中，不同的時段可以租給不同的客人，一輛汽車發揮了最高的效能，租車的人也省卻了買車、保養和牌照稅、燃料稅的問題，更重要的是：車輛總數減少，二氧化碳的排放量相對減少，這個影響才最大。

法國里爾這個城市率先推出「汽車共乘和共租制度」，已有不少的人上班的時候汽車共乘，租車的時候分時段去租用，目前在各個大都會裡的腳踏車租借制度就是使用同一個概念去構思與推動的。人人都有腳踏車可騎，但是你不需要自備腳踏車，就整體而言，它的確有很高的經濟效益，花費極低的成本，便民、快捷、方便。汽車分享共租制度就是這樣，你可以上網登錄，租車時間、地點等，完成手續之後，前往取車，用密碼開啓，就可以把車開走了。

目前已有歐洲其他的國家仿而效之，成效不錯，綠色環保人士更是大力推廣，希望在二〇四〇到二〇五〇年，一般的普羅大衆能儘量搭乘公共交通工具，讓私家轎車儘量減少，最好是不用。

喜歡用小車　車子可能用很久

菲亞特可以說是最擅長製造小型汽車的廠家，歷史上最爲出名的小車莫過於「菲亞特500」。最早生產是在一九三六年，叫作「Topolino500」。「Topolino」義大利語是「米老鼠」的意思，所以很多歐洲人習慣性的把這款車叫「小老鼠」。用現在的眼光看，這個迷你車的造型仍停留在馬車型汽車和現代汽車之間。

「醜小鴨」雪鐵龍2CV（1939-1990），可謂Topolino500的第二代產品。它的故事是這樣的：

一九三五年雪鐵龍準備開發一款便宜的「國民車」，這就是2CV（Deux chevaux），意思是「兩匹馬拉的車」。設計初衷是「便宜耐用、便於駕駛、維修方便、能走爛路」，可以運載四名乘客和五十公斤馬鈴薯，或一個小木桶，最高時速爲六十公里，百公里油耗不超過五公升。2CV生產於一九三九年，然而由於二次大戰，2CV直到一九四八年才恢復生產。

2CV長得有點平凡，造型呆板，車輪窄得像自行車，九馬力的小發動機……2CV雖然排量小，速度低，但是2CV卻有當時的獨門祕技：前置發動機前輪驅動，臥式發動機、前輪盤式剎車、型鋼車身等。

由於戰後法國的道路狀況非常不好，2CV還採用了四輪獨立懸掛，當時曾有這樣的描述：「車上裝一簍雞蛋，在穿過一片田地時雞蛋不會輕易打碎」。此外，2CV的車窗、車頭蓋、翼子板等都能隨意拆解，車頂的布篷還可以後捲打開，有敞篷車的感覺，百公里耗油四．五公升，2CV非常經濟實惠，相當適合一般市井小民。

2CV在法國有「醜小鴨」的綽號，但是這車很有特色，簡樸而不簡陋，所以成爲車壇的長青樹之一，直到上個世紀九〇年代才停產！一共生產了七百餘萬輛，除了法國，2CV的足跡還踏遍西歐、南歐。一九八八年2CV在法國停產，轉往葡萄牙繼續生產。

別看2CV嬌小純樸，早期最常見到的是灰色的車身，但因這種車特色鮮明，除了在歐洲紅了半個世紀，後來還來到中國。

二〇〇九年在雪鐵龍品牌誕生九十週年之際，由雪鐵龍2CV老爺車組成的車隊還駛入了中國，車隊由三十多輛2CV組成，從蒙古首都烏蘭巴托出發，由二連浩特進入中國，途經內蒙古、河北，最後到達塘沽，由輪船運送回國。一群老人家，駕駛著自己四、五十年前買的第一輛車進行一趟國際懷舊之旅。

前幾年有一次去法國，發現有一位畫家，他的作品完全圍繞在2CV，看來也獨具風格，頗能引人發思古之幽情。這可能是當初製造2CV

的人始料未及的。

歐洲人比較偏愛開小車，尤其這幾款古典經典小車，即使已經停產，至今仍爲人津津樂道。直到今天，我們看一般的法國人，雖然有能力換新車，但似乎他們偏愛小車，而且一輛車子會開很久呢！我們學生去法國研習的住宿家庭，學生常常形容：「房東的車比自己還老呢！」也就是說，一輛車很可能開十幾二十年，甚或更久呢。

手排車很多人開　車是代步工具

- 開手排汽車才像開車
- 學駕駛就在馬路上學
- 汽車是代步工具
- 專車接送沒車的市民去市集購物
- 法國公路有最高速限但鄉間開得很快

在法國大都會裡有很完善的大衆交通網，而鄉間代步就得靠汽車了。法國很少人騎摩托車，因此在法國，汽車純粹是代步用的，一般人開車，以實用爲主。感覺上法國人還蠻喜歡用歐系的車子，法國廠牌蠻多的，而且一般的私家車不會太大，很環保的。

在臺灣現在開車也相當普遍，如果某一地方，公共交通不很方便的時候，幾乎每個家庭都有汽車，當然年輕人爲了方便以及都市停車的問題，騎摩托車的也相當多。

還有一點法國和臺灣大不相同的，我們學開車都是先去「汽車補習班」，報名、繳費、體檢、上課、苦讀、練車、道路駕駛等等；法國不一樣，他們學開車是去「駕駛學校」（Auto-Ecole），他們學習開車就在馬路上，因此他們沒有臺灣人考前的「道路駕駛」課程，而且考試也在眞正的道路上。聽說有人在路考的時候，主考官叫他開去高速公路，他馬上告訴主考官說：「我放棄了，下次再來。」反觀我們的駕照考試都是在一個固定的場域，哪怕是在監理所考駕照，一切的交通狀況都是模擬的，上坡起步、平交道、雙黃線等等。記得我在考駕照的時候，我前面有一個人，順利的通過了所有的考驗，下車的時候要把車子乖乖地停在路邊，這人太興奮了，就在雙黃線的地方來個大轉彎，此舉立刻被主考官扣了三十二分，當然他的駕照也就沒有拿到。

在臺灣，有很多人很快的考過駕照，卻不敢開車上路，因爲我們的「道路駕駛」，通常是好幾個人由教練陪同，開到風景名勝區，因爲路上人煙稀少，再由每個學員開一段路，如此「道路駕駛」就算完成，然而個人道路駕駛的經驗等於是零，難怪有了駕駛執照，不敢開車的人大有人在。當然法國的學習駕駛和考照方式比較實際，但從另一角度來看，臺灣在固定的駕訓班接受訓練，或許也有一定的原因。因爲臺灣的大都市交通繁忙擁擠，在某些時段更會塞車，如果把駕訓班的車輛也帶到馬路上，我想教練、學員都會更緊張，恐怕連路人也避之唯恐不及了！

法國開車，很多人都使用手排檔的車，大家都覺得這樣才像開車。而臺灣現在已很難看到手排的汽車，幾乎千篇一律都是自動排檔的汽車，連考駕照很多人都用私家的自動排檔汽車。

鄉間或是二、三線的城市，汽車仍是家家戶戶必備的代步工具。法國在鄉鎮地方，有越來越多的歐洲其他國家的人，前來居住或落腳，他們很多來自北方的國家，這些人覺得法國南部天氣好、生活便宜、環境友善。就像所有歐洲國家一樣，鄉下地方每個月固定的日子有市集，古早的時候還以物易物呢。法國人還相當友善，他們體諒有的居民不會開車，他們會派小型接駁車去接送這些居民，前往市集或超商購物，難怪在法國南部有越來越多的外國人前來居住，也有一些退休人士，揹著畫架在廣場寫生，大家都覺得法國南部是一個讓人放鬆心情的好地方。

基本上，德國所有高速公路都是無限速，但是在某些路段，比如山區彎道爬坡路段、市區交流道、大彎道等，會豎立速限標誌，過了這些路段，會有一個解除的標誌，就又恢復爲無速限。

然而，在法國高速公路是有最高限速的，每小時限速一百一十至一百三十公里。印象中，在法國坐法國朋友開的車，他們開車相當勇猛，在鄉間小路上，油門輕輕一踩，就超過一百公里。我們眞是不知道，追求快速勇猛，是不是和他們的食物以及民族性有關？記得不只一次，我的法國同事坐我的汽車（在臺灣），當我停在路上，遵循交通號誌，準備過馬路的時候，眼見一位同事騎著腳踏車飛奔而過，坐在我車上的法國同事說：「Vas-y, vas-y.」意思是：「快啊，趕快過啊！」當然這快與慢，與他們的個性也有關吧。的確，他們很有衝勁！

法國火車誤點可以求償

法國火車的特點：經濟、舒適、準時

有 SNCF 字樣，就可以買票

火車誤點照章可以求償

搭火車最怕看到誤點這兩個字，偏偏這卻是我們常常遇見的狀況。臺鐵有次因爲煞車管故障，一萬多人苦等四十多分鐘，臺鐵不退票。又有一次是車廂少掛了三節，旅客等了二十多分鐘也不退票。還有一次，列車卡在平交道上一個多小時，等到民衆想跳車，連柵欄外趕著回家的民衆，都被卡在平交道兩旁跟著一起苦等，這一環扣一環，碰上了只好自認倒楣。但彰化卻有人不甘自認倒楣，一狀告上法院，結果勝訴了，臺鐵得賠償四百一十五元，錢雖不多但卻是開了先例，民衆總算求償有門。從二〇一一年到二〇一三年，臺鐵發生四十三件火車誤點，三十八萬多人受到影響，如果誤點可以求償，臺鐵可不能再用「故障」兩個字打發受到牽連的旅客，應加緊維修保養以減少誤點發生機率。

有立委批評，臺灣目前誤點四十五分鐘才能退全額票價的做法太嚴格，要求臺鐵改善。但臺鐵方面認爲，臺鐵的退票標準已比其他國家寬鬆，如日本鐵路規定，延誤達二小時才能退費；南韓則是延誤四十分鐘可退票價百分之二十五的折扣券，或百分之十二點五的現金。

至於法國鐵路，延誤三十分鐘有賠償機制，不過是退票價百分之二十五的折扣券。

到了法國火車站，隨處可見「SNCF」的標誌，法語全稱「Société nationale des chemins de fer français」，中文意思是法國國家鐵路公司。

法國長途旅行，很多人都搭火車。法國本土面積約五十五萬平方公里，人口約六千三百多萬，是歐洲面積最大的國家，人口密度不高，因此，除了聖誕節、新年返鄉的人潮外，平日火車上的人不算很多，因此搭乘火車旅行相當舒適。只要不是特殊的上下班尖峰時段，車上都非常空，常常一個車廂旅客不多，都沒有坐滿。

法國火車都很乾淨寬敞。座椅也很舒適。以前的火車還有包廂，頭等的六人一間，二等的八人一間。法國火車一般都非常準時，只要不是罷工時期或火車故障，他們極少誤點，這一點他們也很自豪。如果坐上火車後，火車拋錨導致誤點，達到賠償點的話，可以讓火車站出具證明，領取賠償金，一般是開張有金額的單子，可以抵你下次買票的一部分錢。

原則上巴黎地區有七個火車站，分別開往四面八方的地區或國家，一般來說，大的城市都有子彈列車（TGV）或其他快速的火車，由巴黎像蜘蛛網一般向四面八方延伸出去。如果你人已經到了法國西南部，由西南部往法國東南部去的話，要搭火車，那就不很方便，必須要轉好幾次火車。我還眞有一次這樣的經驗，由西南部的小城往法國東南部走，無巧不巧，有一個路段火車突然停了下來，大概是鐵軌出現一點狀況（冒出火花之類的），於是所有的旅客就被卡在路途當中，因爲我到了目的地還需要轉公共

法國國家鐵路公司

汽車，偏偏法國鄉下最後一班公車收班非常的早，應該是在七、八點鐘之前，我要拜訪的朋友是長者，他們開車不很方便，於是在我緊急電話聯繫之後（電話是在火車上跟陌生人借的），因為當時的確是前不落村、後不落店，我的朋友得知訊息後，趕緊請了一輛計程車來搭公車的地方接我，好難忘的經驗，也就是在那個時候，我知道在法國火車誤點是可以申請賠償的！

遠與近的觀念

- 臺灣公車站真的超近
- 法國公車站走路五分鐘算很近
- 搭地鐵走路十分鐘 OK
- 開車十五或二十分鐘算很近
- 計程車也有招呼站

很多事都是相對的，而不是絕對的。法國人覺得近，臺灣人不一定覺得近；美國人覺得近，臺灣人還覺得遠呢！

臺灣的公車站眞的超近，記得中學的時候搭公車上學，我們這站可以看到下一站。小的時候本人個性慢吞吞的，每天都跑著趕公車，我都好希望搭車的人多一些，在我跑到的時候，如果還有幾個人，我就很高興了，表示我還可以順利搭上車，這同時也表示：臺灣的公車站與站之間有多麼近！視力好的話眞的可以看到下一站，就像每次我看到學姊、學妹在排隊，我心裡就非常高興一樣，我們的公車站實在太近了，連我小小的個子，以跑百米的速度衝過去，只要站上有人排隊，我竟然還可以趕得上車，你就可以知道我們臺灣的公車站有多麼近了！

在法國，如果住家距離公車站走路五分鐘，這是屬於非常近的距離，簡直就等於住在公車站旁。

很多時候是需要走上十五、二十分鐘才有公車或是地鐵可搭乘，這算是合理的距離。有的時候，先是搭公車，再去搭乘地下鐵，趕時間的話眞能省下不少時間。

只花十五、二十分鐘就到車站，有車可搭，這算是非常合理的。法國開車十五、二十分鐘，這樣的距離算很近。如果我們在美國的話，我家離你家十五分鐘車程的話，那簡直是太近了，幾乎算是比鄰而居了。

因此在各個地方，所謂的遠或近，個人心中的概念是不盡相同的，尤其是公共交通工具，在臺灣，五分鐘才算是近，這在臺灣買房市場的廣告就可以看出來了。

還有一項公共交通工具——計程車，在臺灣，現在也越來越流行無線電叫車，或是更多的時候，大街小巷穿梭的計程車，手一招就來了。在法國，計程車是有招呼站的，法文有種說法叫作「Tête de taxis」，這跟我們臺語有點像，臺語的火車站叫「火車頭」，法文的計程車招呼站叫作「計程車頭」，這還眞有異曲同工之妙！法國叫計程車一定在招呼站才叫得到，而且夜間收費比較貴，此外大件行李放在行李箱還要按件收費，因爲司機先生有替你服務。

開車旅行　下車休息不趕路

- 高速公路、國道四通八達
- 除了火車，開車旅行很方便
- 開車旅行時間自己控制
- 道路標示相當清楚
- 另類的選擇：搭便車（auto-stop）

由於公眾交通越來越便捷，搭個飛機就能在很短的時間，從一個國家飛到另一個國家。當我們到達目的地時，我們會發現，幾乎所有的國際航空站已越來越相似，所有的觀光景點，也是熙來攘往，有很多令人熟悉的共同點。但是相似之中還是有很多不一樣的地方。

法國的公路四通八達，高速公路也標示得非常清楚，研究好了地圖，做足了功課，就可以開車上路了。法國大城小鎮都有非常完整的地圖以及開車旅行的路線圖，更遑論現在還有衛星導航GPS（Global Positioning System），以及伽利略定位系統（Galileo）——歐盟正在建造中的衛星定位系統，它是繼美國全球定位系統、俄羅斯GLONASS及中國北斗衛星導航系統後，第四個可以提供一般老百姓使用的定位系統，二〇一六年十二月，該系統已在布魯塞爾舉行啓用儀式，提供早期服務。

全球的衛星定位系統以美國的 GPS 最爲成熟，且提供全球用戶免費使用，不過其營運權爲美國軍方所有，美國隨時有權以國防安全爲由將系統關閉，因此歐盟各國爲免受制於美國此一不確定性政策因素之影響，乃決定自行研發另一套衛星定位系統，名爲伽利略計畫（Galileo Project）。伽利略衛星系統將可與美國 GPS 系統相容，以民用爲主，同時具有更高的定位精準度，而且可提供更多的加值應用服務，並創造更多的產業與就業機會。

即使在沒有定位系統的年代，法國開車旅行已十分普遍，而且也相當方便，因爲旅遊行程可以自己規劃，時間可以自己掌控，這不是火車旅行可以替代的，尤其是法國人開車旅行的時候，到了用餐的時間，他們可能停下來好好吃頓飯，哪怕是簡餐，至少也是從從容容的，絕不是二、三十分鐘囫圇吞棗式的，即使中午吃飯，不喝濃郁的 bourgogne 紅酒，也可能喝一點較清淡的 bordeaux，或者至少飯後喝杯咖啡，來個甜點，因此一餐下來，至少也得一個多鐘頭。

而臺灣人在法國開車旅行可不一樣了，即使在歐洲，也多半按照預定行程一路直奔，這點和平日臺灣人認眞工作打拚的精神很一致。哪怕停下來用餐，即使沒有任何人催促，也沒有任何其他客人在排隊等待，一群臺灣人還是「很有效率的」速戰速決，吃飯少有超過三、四十分鐘的，還吃甜點嗎？即使各自決定，恐怕也有人急著趕路心裡會嘀咕。這就是不同文化對各個民族潛移默化的影響。我們認爲一切都要講求效率，法國人則認爲凡事要從容不迫。

還有一點，法國的公路標示非常清楚。哪條路銜接哪一條，路標和地圖都很清楚。對開車的人來說並不困難。

如果自己沒車，租車也是一種選擇，各款車型任君挑選，你可在巴黎租車，馬賽還車，再從馬賽搭 TGV 返回巴黎。年輕人還有另一種可能性——搭便車（Auto-stop）。據說搭便車也有訣竅：穿著不能太隨便，看來規規矩矩，伸出大拇指比較自信的人，比較有可能被載，甚至有人西裝革履，別人會以爲是白領階級，機會也比較多一些。上車以後，也不能完全悶不吭聲，太陰沉冷漠的人會讓人家覺得奇怪又害怕，當然要是太聒噪的話，恐怕車主也會覺得耳根不清靜，搭便車也是一門小小的藝術呢！

同一時刻同一方向　可能有兩輛火車同時出發

巴黎火車站
六、七個

月臺很多個

有郊區火車
與國際線

有 TGV 或
珊瑚號

巴黎的火車站就有六、七個之多，因此朋友說到車站來接我，一定先要問清楚，從哪裡來，坐什麼車，編號多少，否則從一個車站飛奔到另一個車站，至少需要半個小時，甚至一個小時以上。別忘了法國本土面積，是歐洲最大的國家，相當於中國四川省的大小，或者相當於亞洲的泰國，比起臺灣大多了。

法國火車站的月臺也很多很多，有的多達幾十個，連服務臺都有好多個，可以提供旅客解答疑難雜症。因此法國搭車的時候，不像臺灣，五分鐘前衝上去，只要腳力很好還是可以的。法國的火車站，往往也是三鐵共構——地下鐵、火車、高鐵，因此車站本身就很大，即使到了站往另一車站走過去，上上下下就要不少時間，一、二十分鐘跑不掉，更何況還要找月臺，找到月臺，還要自己「打票」，而且一輛火車或 TGV 通常車廂都很長，到了月臺上還要走許久才上得了車。因此一般在法國搭火車，最好估計一個鐘頭前到站才比較從容。

有的火車站，有郊區火車、有遠程的、還有國際線；有珊瑚號和TGV，有長程和近郊各類車種，甚至，有一點絕對超出我們的想像。那就是，在法國有可能在同一車站、同一時間、同一方向有不同編號的列車開出，因此，與朋友約好去旅行的時候，訊息要十分明確：什麼車、什麼編號，幾點幾分，哪個月臺……如果匆匆忙忙只問幾點幾分的火車，往「亞維農」的方向，我可以告訴你我的經驗，的確是有兩輛TGV，同一時刻都開往「亞維農」，但在不同的月臺，沒弄清楚火車編號，就要和朋友各搭各的車了，因此，在法國搭火車，提早一個鐘頭到站絕對是比較從容的！

節能減碳用三輪

- 2014/09/16-22 歐洲交通週
- 法國人六成以汽車代步
- 風水流轉回到從前
- 節能減碳大前提

二〇一四年九月十六至二十二日是歐洲交通週，歐洲人認真思考節能減碳的問題，法國人提出的口號是「換種方式來代步」（Bougez autrement）。

其實一般法國人日常交通工具，六成以汽車代步，但汽車代步，消耗的石油能源以及排放出的二氧化碳嚴重汙染環境，直接間接殘害人們的健康。目前在工業發達的國家，已正視這個問題的嚴重性，紛紛探討如何有效的節能減碳，以維護良好的生態環境。

法國北部的城市里爾（Lille）在改善節能減碳方面，率先有許多創舉。他們首先推出「汽車共用制度」，讓一輛租車在不同時段，供給不同的人使用，一個家庭的用車不再需要好幾輛，節省了能源，更減少了二氧化碳的排放，保護了大自然的環境。

法國人現在推出了一款新型的計程腳踏車（Vélo-Taxi），也叫作「Vélo calèche」（敞篷腳踏車）或「City cruiser」（都市越野車）。「calèche」是古時候的四輪敞篷馬車；「cruiser」是英文，是指「越野車」的意思。這兩個名字都很可愛吧！

其實，這種劃時代的計程腳踏車，就是古早時候盛行在東方的人力車或黃包車。這家公司叫「Happymoov」，他們雇請的車伕很多都是年輕的學生，營收歸學生所有，公司營運則靠店家或廠商贊助的廣告費。

這種車，車身長三公尺，車身高一點九公尺，載客量：兩個大人和一個小孩，或是六個孩童。大家一定會問，因爲是人力三輪車，的確是三個輪子，很炫的敞篷，頗拉風的樣子，速度會不會很慢？其實，因爲這車比較沒有塞車的問題，每小時可以走十到十一公里左右，在交通阻塞的時候，汽車甚至在城裡，每小時也才十幾公里而已。安全方面，因爲車子蠻大，比腳踏車明顯易見，安全許多。

目前在里爾，有些小朋友上下學，或去參加課外活動，就由這種計程腳踏車接送，家長十分放心，小孩也十分喜歡，在每天固定的時間搭三輪車，小孩子們覺得非常有趣。此外這種三輪車也提供長輩們很好的服務，載他們出去走走、出去購物，以往因爲沒有適合的交通工具，很多長者已經足不出戶，現在有了三輪車，他們也樂於出門了。當然觀光客也大爲捧場。

叫車只要一通電話，或在街上招招手就可以了，十分方便。至於車資呢？由於都是短距離，車資約在三歐到六歐。我們一定會問：「載那麼多孩子，車伕會不會累呀？」這得歸功於科技進步，車伕的座位幾乎是「躺著的」，如此一來可以減少雙腿的壓力，設計者想得非常周到，而且三輪車上還有「電力輔助裝置」，可以隨時做調整呢。

旨
Notre Dame de Paris
Bonjour
parfum
vin
fromage
croissant

高中畢業會考

Bac2013
特別的一年

應考人年齡相差七十八歲（九十一歲和十三歲）

Bac 是高中畢業會考的縮寫

Bac 中學課業修完之後的會考

Bac 有三種：一般、技術和職業

法國高中畢業會考，二〇一三是特別的一年，因為這一年在應考人當中出現有史以來年紀最大的一位，應考的時候他已九十一歲，同年應考人當中年紀最小的只有十三歲，兩人差了七十八歲，一時之間傳為佳話。說實話，我們不知這位九十一歲的法國爺爺最後是否通過，但至少，在法國參加高中畢業會考已經破了紀錄。

當我看到這則消息，覺得這位爺爺精神可嘉，不禁想起我們臺灣的案例：鼎鼎大名的趙慕鶴爺爺，他的英勇事蹟也不遑多讓呢！我們且看他的小檔案：

趙爺爺七十四歲時，他不懂英語，獨自到歐洲自助旅行；九十二歲才從空中大學畢業，也是國內最年長的大學畢業生；九十三歲在醫院當志工；二〇〇九年，九十八歲的他從南華大學哲學研究所取得碩士學位，成為國內最年長的碩士畢業生；九十九歲學電腦；一百歲前往英國大英博物館，當眾揮毫書寫「鳥蟲體書法」，並將作品贈送大英博物館。

現在，他爲了方便買車票、看病掛號，開始自習上網、學電腦；因爲上網常須打英文，於是他在客廳牆上，貼了一排毛筆寫的常用英文字母，自學英文。

最近兩個月，一位高雄師範的同事剛退休住進宿舍，來家裡拜訪趙慕鶴，看到牆上的英文和桌上的電腦，脫口就說：

「老趙，你都要死了，還學什麼電腦？」

「可是，我現在還活著啊！」趙慕鶴說完，自己也笑了。

這位趙爺爺的學習歷程的確令人敬佩有加，他時常受人譏諷，大家都直截了當的說：「老趙，你都要死了，還學什麼……？」他總是回答說：「可是，我現在還活著啊！」

活到老、學到老，活著還繼續努力學習，這樣的精神實在令人敬佩，而且無獨有偶。

法國學制與我們大不相同，高中生在修習完畢所有的課程後，需要參加一個會考，叫作「Baccalauréat」，這個字簡稱「Bac」。這種會考已超過兩百年，它代表中學學習階段的結束，開始進入另一階段，高等教育分成一般、技術和職業三個方向：一般的 Bac 通過，就可申請進入高等學府，慢慢一步步走學術的路線；技術的 Bac 通過，通常是進入我們所謂的「專科、技職體系」就讀，修業年限較短；職業 Bac 通過，就是要學習一種技能了。在以前祖父母的年代，Bac 的通過率也是很低，目前 Bac 的通過率看學門，有的也高達百分之八、九十，眞是時代不同了。在法國，Bac 通常在六月舉行，考試時間在一週左右，古早時候的主考官都是大學老師，整個的成本加起來，每個考生要以八十多歐元來計算。如果在六月的時候，你看到法國高三的學生，行色匆匆，面色凝重，千萬別太訝異，那就是他們的「大學聯考」。考過了才能順利進入學習的另一階段，或者繼續漫長的求學生涯，或者進入其他的體系，學習一技之長。

Bac 錄取率變高了，但這種考試是針對學習者一個門檻的鑑定，對所有的青年學子仍然是很重要的里程碑。哪怕外國學生去法國留學的時候，他們也會要求 Bac 通過證明，通常我們以「高中畢業文憑」來替代。對法國人來說，「Bac」通過，表示你完成了中學的學習，通過鑑定，可以進入下一階段的學習了。成績如果只差一點，還可以有補救的機會，由老師做個別的面試。在臺灣如果大學聯考成績差一點，就名落孫山了。

法國小孩手牽手去看戲

法國小孩的課外活動

多大開始去看戲

鄉間的說故事達人

法國的小孩做些什麼課外活動，可能跟臺灣小孩大不相同。在法國常見一群年輕人，可能是這些小小孩的老師，牽著一串小小孩，年齡往往在三、四歲左右，有的一手拉著同學，另一隻手沒閒著，咬在嘴裡吸著，這一串小小孩到底去哪兒呢？他們有時去參觀博物館，也有時是去看戲。連劇院也有專門爲小小孩演出的舞臺劇呢。

有一年夏天，在巴黎拉丁區的Mouffetard觀光市集的一家電影院裡，演出家喻戶曉的《美女與野獸》，裡面就有很多小觀眾。劇中有一個女配角，由一人分飾兩角，這位演員的正面和背面穿著兩套不同的服裝，分別代表兩姊妹，說實話，這個配角演得還眞好，十分搶戲，記得戲劇落幕之後，很多觀眾都趨前向這「兩姊妹」致意，因爲她演得太好了，兩姊妹不同的個性，每飾演一個角色，她就得轉換聲音，並且做出不同的表情，而且，身體要不時轉來轉去，眞是不容易！不過，這個家喻戶曉的故事，在不同的劇場看過，印象最深的就是一人扮演的「兩姊妹」，有創意，又有演技。我也記得，當天在小小戲院裡的觀衆，大人小孩都看得入神，尤其是小孩子，不時會聽到他們發自內心銀鈴一般的笑聲。

此外，法國實行夏令節約時間，因此法國夏天的黃昏變得特別長，到了八、九點鐘天還沒黑，因此各地市政廳也會爲孩子們安排一些戶外活動，尤其是在鄉間。比如在小教堂前的草坪或是市政廳前面的廣場，他們會先做好宣傳，到了時間，所有的小孩都井然有序聚集在一起，然後由當地的「說故事達人」一一上場，講故事給小孩聽。只見這批小小孩聽得聚精會神、幾乎鴉雀無聲。簡單的故事，帶著孩子們熟悉的鄉下口音，因爲故事達人可能就是鄰家的叔叔、伯伯、阿姨或老師，由於故事達人氛圍拿捏得恰到好處，只見小小孩隨著故事達人，一問一答，非常投入，小孩子們時常笑得東倒西歪，幾乎快在草地上打滾。幾年前有次和法國朋友去鄉間度假，朋友帶我去參觀一些道地的法國風情，對這說故事的一幕印象非常深刻，至今還記得那略帶鄉音的阿姨，一而再、再而三的說：「Qu'est-ce que c'est que

Qu'est-ce que c'est que ça ?
嘻嘻
哈
哈哈!
嘻
哈

ça?」意思是說：「這是什麼？」記憶中故事大概是說一個麵包店的故事，尤其令人不能忘記的是，小朋友都笑得非常開心，笑聲此起彼落停不下來。

法國在很多人心中是一個浪漫的國家，從另一個角度來說，他們以農立國，很多方面還保有傳統的文化。孩子們仍然享受聽大人說故事的樂趣。的確，法國有人以此爲業，也有人因此成名，變成「職業級的說書人」，還在世界巡迴演出呢。

夏爾・佩羅（Charles Perrault，一六二八至一七〇三年）是法國十七世紀的文學家、詩人、作家，以其作品《鵝媽媽的故事》而聞名。他除了擅長寫作之外，也是有名的說書達人，比如〈睡美人〉、〈穿靴子的貓〉、〈灰姑娘〉等等，都因他的改寫而更加有名。因爲法國人認爲這是一種口說的文學，他們認爲說故事並非唸出故事而已，而是賦予這個故事一個特殊的生命，藉由這個故事的講述，一起玩耍、體驗這獨一無二、充滿意義、分享的一刻。

目前法國還有專門訓練說書達人的機構（Le CLiO），一起工作彼此支持，希望把這種口說的文化遺產繼續傳承下去。如今，這些說故事達人，已越來越被肯定，被當作藝術工作者對待。

教育制度五、四、三 vs 六、三、三（法國 vs 臺灣）

國民教育都是十二年

臺灣小學六年，國中、高中各三年

法國小學五年，初中四年，高中三年

法國人多半在學區內就讀中學

高等院校（Grandes Ecoles）是 Bac 後資優生首選

法國文豪雨果（一八〇二至一八八五年），是法國浪漫主義作家的代表人物，幾乎經歷了十九世紀法國所有的重大事變，一生創作了許多詩歌、小說、劇本、散文、文藝評論及政論文章。早在十九世紀，雨果就說：「總有一天，到那時，……，所有的歐洲國家，無須丟掉你們各自的特點和閃光的個性，都將緊緊地融合在一個高一級的整體裡；到那時，你們將構築歐洲的友愛關係……。」

隨著時空的轉移，世界各地的教育制度也隨之逐步調整與改變。

歐洲聯盟是根據一九九二年簽署的《歐洲聯盟條約》所建立的國際組織，現擁有二十八個會員國，正式官方語言有二十四種。歐洲聯盟，簡稱「歐盟」。自從歐盟整合以來，法國的高等教育制度也有所調整。

然而法國的基礎教育仍然和我們一樣，是十二年，但不同的是，我們臺灣是小學六年，國中、高中各三年；法國是小學五年，初中四年、高中三年。高中最後一年叫「terminale」（結業班、完結篇之意）。

還有一項與我們大不相同的是，法國的中學生，即使父母非常重視子女教育，也很少越區就學。他們幾乎都是唸自己原來的學區，很多中學生，有時還可以回家吃中飯。我有法國朋友，他們的孩子就是這樣，有時中午回家吃飯時，還順便可以看到久違的東方阿姨。法國這一點倒是非常傳統，也很可愛，維繫了良好的親子關係。在我認識的法國朋友中，有蠻多的法國家庭還是相當保守與傳統，非常重視家庭教育。

法國高中畢業有會考（Bac），之後有人先修預備課程，準備進入高等院校（Grandes Ecoles）就讀。這種學制有別於一般大學（Université），法國的「Grandes Ecoles」，有時譯作「專業學院」、「精英大學」或「高等專業學院」，一般都是在高中畢業預科班學生，通過考試錄取的學生。

至於一般大學，Bac通過後都可申請入學，大學的學生，往往一半在大一的時候考試無法過關，甚至於只有百分之二十八的人在三年內可以取得學士學位。

法國的高等院校（Grandes Ecoles）專業性更強，更重視教學與實務的結合，以培養社會各界精英而聞名於世。在法國及歐洲的就業市場上評價很高，被稱爲法國的精英的搖籃。它按領域可分爲以下幾類：工程師學院（École d'ingénieurs）、高等商學院（École de commerce）、高等師範學院（École normale）、政治學院（Institut d'Etudes Politiques）等等。巴黎高等師範學院、巴黎綜合理工學院、巴黎高科礦業學院就是其中的佼佼者。

國家教育經費的補助百分之五十挹注在這些約四萬名學生身上，因此一般的大學的學習效果，學生三年之後順利取得學士文憑的，僅約百分之二十八，而在英國，大約有近八成的學生能順利大學畢業。

有趣的是法國各行各業都有專門學校，除了學院派的學習之外，舉凡美容、美髮、服裝設計、打版等等，應有盡有，尤其是在藝術方面，法國還眞是學習的天堂，他們的博物館很多，對所有學習藝術的學生，參觀博館都是有禮遇的，即使不是免費，也是有優待的。難怪，法國是培植藝術工作者的搖籃！

小孩一定有家長接送

法國人不懂「鑰匙兒」

小孩一定有家長接送上下學

父母沒空可請保母代勞

隔代教養臺灣比較多

在很多臺灣人成長的經驗裡，如果父母都在工作，不是由祖父母代爲照顧，就是小孩脖子上掛著一把家門的鑰匙。我們說是「鑰匙兒童」，這個詞兒，法國人是既不懂，也完全無法理解的。

基本上，法國人絕對不會把小學以下的孩童獨自留在家裡，這是違法的。他們在孩子非常幼小時，如果父母忙於工作，再不請保母，再不送到公立托兒所，當然公立托兒所的名額有限。最常看到的狀況是，父母儘量自己輪番照顧小孩，沒辦法的時候，會雇請臨時保母，按鐘點計酬。

有趣的是這些「事求人小廣告」到底貼在什麼地方？通常在自助洗衣店或是麵包店可以看到，這是一般人經常光顧的地方。再或是教會機構或學校也會看到。這種按鐘點計酬的臨時保母，有時並不限於女生，如果年輕父母已經認識的男孩，甚至他們可以接受男學生當保母。

法國傳統家庭對祖父母也很有感情，每年復活節、聖誕節就是舉家返鄉團聚的日子。尤其在法國，從一九三五年以後開始有長假，所謂「年度帶薪休假」，現今每年每人有五週假期。一般年輕的爸爸、媽媽會把五週的假期分散開來應用，也同時帶小孩子回家與祖父母、外祖父母團聚，但很少有人會把子女完全託給祖父母或外祖父母。因此，我們臺灣社會隔代教養的問題在法國並不常見。

小孩一定有家長接送上下學，在法國即使家長無法自己接送孩子上下學，無論如何請個朋友或保母臨時接送也是必要的，否則學校會不放人。當然近年來，在臺灣的小學門口，甚至中學門口也都可看到爸爸、媽媽親自接送小孩上下學，父母沒空就由阿公、阿嬤代勞。甚至有的父母疼惜孩子太辛苦，連書包也幫孩子揹。

接送小小孩，怕他們被壞人拐騙是很好的。但可憐的臺灣小孩或中學生，由父母親自接送可能有另一個理由，因爲很多父母都「怕孩子輸在起跑點上」。可憐天下父母心，怕他們的寶貝浪費時間在路途上，爲了節省時間，寧可自己辛苦，由父母親自接送。孩子接回來不久，晚上還要上另一個補習班哩！去上音樂課時，那沉重的大提琴就是由媽媽當琴童吃力的扛著呢！

笛卡爾式的思考（Cartésien）

- 中法邏輯不一樣
- 中式思考非常細膩
- 法式思考三段論法
- 是歸納（induction），還是演繹（déduction）

與法國朋友交談時，我們常說他們非常健談而且很邏輯。的確，西方人的思考模式與我們是有相當的差異。

法國人很講邏輯，表達方式很直接，而中國人的表達方式就迂迴曲折多了。我的法國朋友，也曾是我們的同事，他在臺灣住過、教過書，也住過中東，對中華文化也有相當的瞭解。這位朋友和我再三強調：「中國人也很邏輯。」只是中國人的思考邏輯和法國的邏輯不大一樣。

我們的確需要瞭解這一點，所謂知己知彼，百戰百勝。至少當我們與異文化溝通的時候，不至於造成太大的誤解。

法國朋友一般認爲中國人相當安靜、很客氣、很含蓄，甚至有時他們會讀不懂我們的表情。有的中國人甚至生氣或悲傷，情緒都壓得深深的，因此，當中法文化交流的時候，問題就出在這裡。

多半的時候，不論做不做得到，礙於情面，中國人會勉爲其難的答應，但是越做越辛苦，做得很不甘願，但外國朋友有的時候還以爲我們華人甘之如飴，就一而再、再而三不斷的要求。常常朋友聚在一起說眞心話的時候，熱心的華人常常心裡怨嘆有點被利用的感覺。這些人還都是在異鄉待過好長一段時間的人，也就是說，這些臺灣人是在法國生活過，而法國人也在臺灣或大陸待過相當長的一段時間，因此我們試著瞭解對方怎麼講，到底是什麼意思，聽懂對方的意思和需要，提供適當的回應太重要了！

人與人之間的溝通，不正是「聽、說、讀、寫」嗎？首先要用心聽懂對方所要表達的，聽懂了才能有適當的回應與回饋；不斷的多多充實各方面的知能，試著用文字整理出來。這不僅是學習外語的訣竅，溝通的道理也剛好是如此。

我們既然知道法國人的表達是直接、明確、邏輯的，和他們說話也直接一些較好，最好不要旁敲側擊、委婉迂迴、欲言又止，我可以擔保，老外實在不懂這一套，我們是從小在這樣的文化裡薰陶成長的，君不見有的老外到了臺灣，每講一句話，就冠上一個「不好意思」，初聽我們也覺得這老外太有禮貌了，但相處下來，這就像在法國巴黎搭地鐵一樣，嘴裡一定說：「八個洞、八個洞……」（pardon, pardon…，抱歉之意），人卻狠狠地用手肘拐你一下，毫不留情，這「抱歉」的詞彙和肢體語言還頗不協調的，反而讓身旁的人錯愕連連。

基本上法國人受到西方哲學的影響，他們都使用三段論法，即大前提、小前提、結論。一般來說，他們的思路條理分明。中國人不一樣，就像我們寫作文，也有起、承、轉、合，也有一定的脈絡。但有的臺灣人在寫論文的時候，就充分發揮中華文化的「特質」，細項下再分細項，不捨得漏掉任何一個細節，有時候會見樹不見林呢！

如此看來，法國人的思考比較像演繹法；我們呢，也不完全像歸納法，不過倒是思路綿密，抽絲剝繭，令人佩服哪。

批判性思考不等於批判

- 臺灣的考試講求標準答案
- 歐美的考試是申論題
- 批判性思考不等於批判
- 批判性思考對事不對人
- 是就說是，不就說不

進入二十一世紀以後，整個世界都在大洗牌，尤其是在教育方面，不僅是歐盟的學生，甚至是其他各大洲的學生、老師都尋求更多的國際交流合作經驗，這種經驗也的確相當重要。因爲我們不可能永遠留在家鄉足不出戶。再說學習外語，如果只瞭解語言本身，而不瞭解相關的文化，在互動的時候會造成相當的困擾而不自知，引起了誤會還不知誤會從何而來。因此如今的趨勢，各個學校有越來越多的交換生在校園裡，這爲遠道而來的學生，或是我們本地的學生，都是很好的機會，去認識不同的文化，在互動之中去汲取異文化的精華。

最近接到一位年輕朋友的電子郵件，說他又來臺灣了，於是我們約著見了面、喝咖啡聊天。記得這一位是我法文翻譯課的學生介紹的，學生問我可否帶他的法國朋友來上課，我欣然同意，因爲我的課堂上已經有許多法國交換學生，我希望學生分組學習，尤其是翻譯這類的課程，每組都能搭配一位法語國家的同學一起討論是最理想的。的確不是每位同學畢業前就有機會前往歐洲研習，我們不能出去，就把法語的環境帶到教室裡來吧。

果然，短短的一兩個月後，學生紛紛表示，他們的語言能力進步了……進步的原因，應該歸功於雙方有了近距離互動的機會，有許多學生變得更有學習動機，努力爭取出國交換的機會，以往他們都很害怕說法語，其實根本的原因在於學習心態仍受到傳統文化的束縛，太注重所謂的「面子問題」，不論有沒有意見和想法，通常都不願當衆表達，一則怕說得不好被人笑，再則怕說得太多太好被人嫌，這一點我們大概深受「標準答案」的影響，覺得凡事似乎應該有個標準答案，不確定的話就省省吧。

這位法國年輕朋友其實是華裔，從小在法國生長，東方人的外貌，法國人的思考方式，年紀輕輕，第三次來臺灣，曾經來我們學校短期研習、做過國立大學交換生，現在是臺法九個月交流計畫的法文助教。與臺灣人相處，他留下非常好的印象，因此才爭取機會再度前來。

在法國他也認得一些華人，在與中國人交流過程中，他發現好像中法年輕人眞的很不一樣。他舉了一個有趣的眞實案例，在法國東部S城某大學有次考試，一個中國學生，是位成績相當好也很用功的女孩，她進入考場，拿到考卷二十分鐘過後就寫完了，正想交卷時轉頭一看，法國學生一個個仍然文思泉湧，振筆疾書，好容易撐到三十分鐘，她還是交了卷。事後問法國同學爲什麼這麼會寫，哪來那麼多東西可以寫，在她的認知裡，把老師上課的東西寫完就好，而法國學生的回答方式就不是這樣了，所謂申論題目，絕對不只是照本宣科，重述老師所說的而已，總要融會貫通，消化以後提出自己的見解。

因爲我們最常遇見的題目是記憶式的，而法國的考題則是申論題，除了基礎的知識，需要提出個人的見解。

比如我們十二年國教，一個作文的評分與比例，就被批評得體無完膚。當然，申論一類的題目，評量不比是非選擇題，一是一、二是二，但無論如何，學生回答申論的題目，對邏輯思考的訓練是絕對有幫助的。其實，中國人很會背書，也很優秀，但往往由於僵化的教育制度，讓我們的青年學子思想方式受限制，這實在是一件很可惜的事情。許多有成就的科學家、運動員都是在國外培育的，基本上這些人的素質相當好，也很努力，往往就在於教育方式和制度的僵化，而造成這些人才外流，在本地不能有更好的發揮，眞是可惜。

此外中華文化還有一個迷思，從來我們都不好意思說一個「不」字，但心裡又不是百分百的贊成，表面上唯唯諾諾，心裡想的、做的又是另一套，反而給人不誠懇的感覺。

因爲我們常常誤以爲，如果說了和老闆不一樣的意見就糟了；有的老闆也以爲，你反對我的意見就是反對我，「人」與「事」往往混爲一談，因此我們在公司行號或企業裡常見「宮廷大戲不斷上演」，老闆從來聽不到眞話，老闆身邊的人說的都是老闆喜歡聽的話，這對公司其實一點好處都沒有，很多弊端也由此而生。因此，隨著時代的改變，我們對年輕人的教育一定要有所調整，不再要求他們回答標準答案，也多培養他們瞭解西方人的批判精神，大家學著就事論事，人與人的相處變得更誠懇簡單，我們的年輕人也會更有國際競爭力。

法國人為何能言善道

- 從小就參與討論
- 有意見直接表達
- 很少有人不說話
- 沒有「害怕丟臉」這回事
- 普遍喜愛閱讀，見聞豐富

法國人和中國人相似之處，是在說外語的時候，如果沒有十足的把握，有時會三緘其口。不過隨著交通的發達，大家接觸外國人的機會越來越多，尤其在歐洲，年輕的一輩會好幾國的語言已經不太稀奇。至於用母語表達，法國人和中國人可是大大的不同。一般的情況，法國人無論老少，幾乎個個都很會說話，很少會看到法國人聚在一起是靜悄悄的。當然目前的時代又有轉變，低頭族猛滑手機又另當別論。

與法國人交談，你只要拋出一個開放的話題，保證不會冷場，有一點很特別的是，當你在法國朋友家作客，一起討論某個問題的時候，如果他們發現一個字有疑問的時候，他們一定立刻拿出大字典《Petit Larousse》或者《Petit Robert》，立刻翻找字典以確定用法是否正確。這情形不只是一個法國朋友而已，由此可見，法國人還眞是很好學、很愛看書、也很講究精確的民族。

有機會去法國的時候，在地鐵裡可以觀察一下，那閉目養神的，十之八九是華人；法國人比較不會閉目打盹兒，要是做事的話，大概是在看書或看報，而且除了律師事務所等地方，一般人的書報多半在書報攤購買，有人看完了報紙就隨手一扔。

一般法國人的確比較喜歡閱讀，有時中學生的指定文學讀物，用不著時有人就拎去書局賣二手書，書局會按照書本的狀況來定價，通常比全新的書要便宜許多。

一方面法國人愛閱讀，另一方面從小他們就鼓勵孩子表達，甚至家中旅遊等等的事情，有時小孩也可參與意見，這和一般華人的家庭頗不相同，傳統華人家裡小孩常常沒有說話的權利，有時說話會被大人制止，一切大小事務都由家長決定，孩子幾乎沒有參加意見的機會，久而久之，孩子就三緘其口不再說什麼，親子關係也變得越來越疏離。

法國小孩就不一樣了，在學校或在家裡，他都可以表達自己的想法。當孩子們長大的時候，我們就看到不一樣的教育下的影響。比方學習外語，中國人學法文，和法國人學習中文的困難度至少是一樣的，甚或學習中文的難度還更勝一籌。但是我們發現實際的情況是，如果學習的時間相同，好像法國人比較會說，這並不表示中文較容易，而是法國人敢於表達，因爲他們從小就習慣參與討論，有意見就直接表達，很少有人不說話，也根本沒有「害怕丟臉」這回事。當然，一個人是否沉默寡言或是口若懸河，與每個人的個性也很有關係。偶爾，我們也會看到一兩個法國人，他們似乎除了談工作，還是談工作，這樣的人在法國人中的確算是稀有動物呢！

這不是電視節目！

私立中學　某些家長的最愛

孩子多在附近學區就讀

私立中學某些家長的最愛

公立學校、教會和其他私立中學

法國中學生可以回家吃午飯

雖然法國的教育體系可以追溯到查理曼大帝時代，但是法國的現代教育制度開始於十九世紀末。在一八八〇年代，一位律師出身，曾先後出任法國教育部長和總理職務的朱爾．費里（Jules Ferry），現代共和國學校（l'école républicaine）由他開始創立的。他要求所有十五歲以下的孩童，無論男女，均必須入學。他還確立了法國公立教育免費的制度，以及世俗非宗教性的原則，並使這些原則得以強制執行。根據「費里法」（一八八一年）及若干其他法律，法蘭西第三共和國時期廢止了大部分與宗教密切相關的法律條文，使教育去宗教化，神職人員在教育系統的影響力因而減弱。

我們很難想像，在此之前，婦女們也沒有公開受教育的機會，因此十七世紀的劇作家莫里哀才會寫出《女子學校》（《Ecole des femmes》）這樣的故事。直到一八八一年，法國開辦第一所女子國立中學，女生才能和男生一樣拋頭露面上學去。

法國目前擁有衆多的私立中學，分佈在全國各省，教學品質普遍不錯，甚至有不少地區還出現了某一專業領域的「明星」學校。再加上這類中學的收費不算高昂，因此近年來受到越來越多的法國學生的青睞。有些家長以自身的經驗，認爲私立學校往往管理比較嚴格，會特別把子女送去就讀，尤其是教會辦的學校，在管理方面更是一絲不苟，讓家長全然放心。

目前，法國約有一萬一千多所中學，其中公立學校與私立學校大約二比一。全國在校中學生大約五百萬人，其中私立學校的學生人數大約佔據總數將近百分之二十。私立學校收取學費按地區和專業有所區別。法國私立中學跟英美等國家的同類中學相比，收費相對便宜不少。

因爲法國政府爲保證教學品質，對從事教職的人都要進行嚴格的考核。取得教師資格，必須經過嚴格的考試，無論在公立或私立學校任教，老師都得和法國的教育部門簽訂合約，工資也由政府發放。因此，法國私立學校的老師授課水準是得到普遍肯定的。

法國高中分普通高中、技術高中和職業高中三類。私立學校一般多屬於後兩者。此外，不少私立學校是針對有特殊需求的人開設的。例如設有宗教類課程（猶太人學校或天主教中學等）、語言學校（雙語學校等）或者專門爲外國人開辦的學校。至於課程規劃，針對各自的專業領域，職業高中、技術高中跟普通高中側重點當然有所不同。

法國的專業學校應有盡有，舉例來說，法國中部的圖爾有所「審美」學校，學生們完成學業以後，可以拿到「職業化妝師」文憑、化妝品商店的「行銷顧問」文憑、香水類化妝品「專業顧問」文憑，以及「美容院管理人」文憑等。可見，此類私立學校的專業定位非常明確。

私校學生和公立學校學生享有同樣的優待，只要有學生證，舉凡交通工具、娛樂活動之類的半價票或減免票優惠，以及享受一些公共場所的手提電腦免費借用的待遇。

當然，跟免費的普通高中比，私立學校收費還是比較高的。最近一兩年，法國有報告顯示，私立學校數量在逐漸增加。一方面是因應實際的就業需求，另一方面，它也是很多家長的最愛，他們覺得把孩子託付給辦學績優的私立學校，孩子一定會教得很好。

公眾場合不能跳上跳下

臺灣有媽寶

大陸有小皇帝

小孩公眾場所不能跳上跳下

法國小孩有管教

法國人向來生育率偏低，但根據《天下雜誌》第四百三十四期（二〇〇九年十一月）的報導，曾幾何時，臺灣總生育率降至一，依據美國人口資料局統計，臺灣在二〇〇八年已經在全球排名最後。總生育率是指平均每位十五到四十九歲的婦女，一生所生育的子女數目。臺灣目前遠低於要維持人口結構穩定，總生育率二．一的水準，估計到二〇五〇年，人口會下降百分之七。少子化造成**GDP**降低、空屋增多、學校倒閉、青壯年負擔沉重等威脅。（賴建宇）

以前每個人家裡有好多兄弟姊妹，彼此之間就有一些自然的互動與制衡，因此從小開始，就自然而然學會了如何與他人分享。我有些法國同事，他們的兄弟姊妹更多，其中的互動就更有默契了，因爲家中食指浩繁，兄弟姊妹之間還很有紀律呢。

當家裡如果只有一個寶貝，要不驕縱也很困難。尤其因爲孩子較少，父母不知不覺就把全副的精力放在孩子身上，再加上萬一爸爸、媽媽都要上班，在臺灣有時就有隔代教養的問題。媽媽沒上班的話，更是全副的精力都花在這獨生子女身上，一切的一切都爲他準備好，孩子幾乎是茶來伸手、飯來張口，很多小孩不知不覺成爲媽寶而不自知。

中國大陸的情況也不遑多讓，因爲他們的一胎化政策行之有年，家裡唯一的心肝寶貝自然就成了「小皇帝」了。九〇年代初期，有次去北京遊玩，在萬里長城附近的一家美式速食店裡，我看到一幕，媽媽站著，爲她的寶貝點了一客漢堡薯條，自己捨不得吃，一直勸她的寶貝乖乖吃，看了這對母女的對話，眞讓人感動與心疼。

因爲小孩的人數越來越少，他們在家裡顯得格外寶貝，父母也捨不得管教，即使管教了孩子也不願意聽，因此孩子越來越被溺愛驕縱，甚至於來到公衆場所，也不聽父母的規勸。其實這

已經是很久很久以前的事，我和同事們一同出去聚餐，餐廳客人很多，這是一家蠻不錯的餐廳，等我們入座以後，看到有客人帶著小朋友前來，這應該是幼稚園年齡的小朋友，他們來到這裡顯得格外興奮，不一會兒就看他們跳上跳下，大聲笑鬧，如入無人之境，其他本地人都習以爲常，因爲別人家的小孩也不好意思說什麼，但我們的法國同事就頻頻皺眉了，他們甚至直接說：「這在法國是不可能發生的。家長一定會制止小孩子在公衆場所喧譁。」

我們一直認爲法國人是相當自由的民族，沒錯，他們的確很自由，他們對小孩也相當尊重，不過他們法國小孩有被教導：公衆場所嚴禁喧譁。因此在公衆場所，有時他們根本不帶小孩，小孩可能放在家裡請保母看一下，即使帶在身邊，也是中規中矩、彬彬有禮，法國餐廳裡絕對是輕言細語的場所！

請客小孩不上桌

法國人比較常在家宴客

小孩早早吃完飯上床

宴客小孩不上桌

請人晚餐或喝下午茶

我們臺灣的生活已越來越西化，住的是西式公寓或花園洋房、穿的是西裝或洋裝，吃的是西點麵包，但用餐的時間很不一樣，餐敘的方式也很不一樣。

首先說早餐，臺灣目前在家用餐的人口越來越少，尤其是年輕的上班族，多半在外面買個早點提到公司裡去吃，這在法國是沒有的現象。他們即使不在家用早點，也會在附近的咖啡店喝杯咖啡，吃個「Croissant」，一般被翻譯成「牛角麵包」、「羊角麵包」或「新月形麵包」。記得喔，站在吧檯旁邊是屬於快速用餐區，喝完了就離開，免付小費。一般在櫃檯邊的，都是很熟的男客人。

至於午餐，有的中學生還可以回家用午餐，因爲他們幾乎都上原來學區的學校。而一般上班族，有的自帶簡單生菜餐盒，有的吃個三明治，或是去咖啡店吃個綜合生菜盤。

晚餐的時間較晚，一般在八點以後。而法國人和臺灣人相較，是比較常和朋友餐敘的。到底在哪裡請客呢？有可能彼此邀約去餐館用餐或是相約看戲，但更多的時候是彼此邀約共進晚餐。也有的時候是邀約喝個下午茶，因爲他們的晚餐都在八點之後，下午四五點來個小小聚會，吃些鹹甜點心，喝點開胃酒、閒話家常一番，聊完天之後各自回家用晚餐，這種情形在鄉下度假的時候最常見，因爲法國人度假時，就是享受悠閒、什麼都不做，聚一聚、聊聊天，就很夠了，做飯請客太費神了，他們不願意把美好的假期浪費在廚房裡！

眞的有空又有心的時候，他們眞是把你當朋友，法國人會在家裡請客。在家請客時，小孩子是不上桌的。所謂小孩，十來歲以下都算小孩，通常是先給他們吃點東西，叫他們早早上床，小小孩更是八點、八點半就帶去睡覺了，因此客人來的時候，可以安心的吃飯聊天而不受小孩打擾。

法國人請吃飯，主人和賓客，一般來說會儘量避免十三個人，此時半大不小的孩子就派上了用場。萬一剛好十三個人，他們就安排一個孩子上桌，萬一臨時有人不能來，他們又叫這孩子別上桌，據說還眞有這樣的事情。

法國人家中請客，桌布、餐巾一定都燙得平平整整，餐具事先擺放整齊。由女主人宣佈開飯。每道菜都會上至少兩次，由傭人或是打半工的保母（**fille au pair**，即雇主提供食宿代替薪資）端出來。通常都是由女主人搖鈴鐺，由女主人的幫手代勞。如果你覺得湯很好喝，主人問你還要不要？你的回答一定要十分明確，說：「好的，多謝。」或是：「不用了，多謝。」

初到法國的臺灣朋友，有時過份客氣，別人問你還要不要，如果你只以微笑加謝謝，我可以告訴你，法國人絕對看不懂你是要還是不要。因此在法國，學習溝通的第一步：「是就說是；不是就說不是」。這「是」與「不是」，看似非常簡單，是學習外國語言的第一課，但學習的時候，眞的要配合情境，用得恰當哩！

購物時提醒小孩別亂碰

- 大家一定排隊購物
- 小店都等老闆服務
- 水果絕對不可挑挑揀揀
- 中國人開的超市例外
- 小小孩有鍊子牽著

年輕學生初次去法國的時候，如果抵達的時間是週末，他們的第一印象都不是很好，覺得法國和想像中的很不一樣。心裡還覺得臺灣才熱鬧哩。的確在法國，商店一到晚上七點一定準時打烊。如果你是晚上六點五十分到店門口的話，很多小店是不讓你進去的，因爲他們在七點鐘一定準時收工。我們在電影裡面看的場景，到了晚上九點、十點鐘，街角小店依然透著昏黃的燈光，老闆還坐在那裡的，十之八九這小店是阿拉伯人開的。他們也給附近居民帶來很多便利。順便一提的是臺灣的家樂福，有的在過年時二十四小時營業，但是至今法國還沒有這樣的超商。

很多時候，無論城裡或鄉下，人們常常就在住家附近的小店買東西。無論是蔬菜或水果，通常客人會自動排隊，然後客人「動口」，老闆「動手」，由老闆慢條斯理的爲客人服務，客人也自動自發的排隊，熟識的客人會與老闆小小閒話家常，一般說來倒也很井然有序，只是客人不可能在店裡挑挑揀揀。試想，如果是桃子、櫻桃之類的水果，由客人自己挑選，水果經過一番折騰，原來好好的就有可能被碰壞了。

有一個常見的景象，年輕媽媽如果獨自帶小孩購物，你一定會聽到媽媽再三地提醒小寶貝：「寶貝，什麼都別碰啊！」此外，有的時候，孩子還很小又會胡亂趴趴走的時候，有的媽媽就會用一條專用的帶子牽著孩子，好像牽著小狗一樣，至少小小孩不會在街上亂跑。當然，如果帶的是小狗的話，有的時候小狗是被綁在店外的。

自從華人大量湧入法國，開了超級市場以後，傳統的法國蔬菜水果店購物文化受到了一些衝擊。其實，巴黎有華人由來已久，在這海上難民潮（一九八○年代）之前就有不少華人在巴黎，過去華人以溫州人最多，他們以「三刀」聞名於世，也就是菜刀、剃頭刀和皮革刀。這些華僑，早期經營餐廳、理髮店及皮包店，所以目前巴黎市第三區皮革街上的皮包大盤商，都是溫州人的天下，甚至於打工、做生意用華語就行了。

然而，自從大批東南亞華僑逃離亞洲，最後在巴黎落腳。很多人的親戚朋友也陸續前往，當時法國巴黎正在推行國民住宅，許多華僑就在十三區買了房子，做起了各式各樣的生意，並且經營超級市場，比方單單在十三區就有三家「陳氏兄弟」（Tang frères），就是從此時才形成了法國巴黎的「中國城」。最先法國人有點避之唯恐不及，後來接觸多了之後，他們發現華人開的超市，東西南北貨一應俱全，優點是：東西齊全、物美價廉、服務迅速。此外在華人的超市，各式水果都可以由顧客自己挑揀，這在法國店裡是絕對不可能的事！

不過在華人超市的肉攤子買肉，大家仍然依序排隊，等著店員爲你服務。當然小孩子一定不會亂爬、亂跑、亂摸，你也會聽到媽媽甜蜜的叮嚀：「寶貝，什麼都不可以碰啊！」

伊拉斯謨（Erasmus）

什麼是「Erasmus」

歐洲區域學生流動計畫的意思

打破藩籬和門戶之見

統合交流從教育開始

伊拉斯謨（Erasmus = European Region Action Scheme for the Mobility of University Students），取每個單詞的第一個字母而組成，中文的意思是指：歐洲區域學生流動計畫。

這是在歐洲實行的，目的在鼓勵學生跨國學習，讓學生連續在多個國家完成學業的計畫。這個計畫以荷蘭著名的哲學家Desiderius Erasmus Roterodamus（即鹿特丹的伊拉斯謨）的名字命名，他生於約一四六六年十月二十七日，卒於一五三六年七月十二日。

比方在歐洲，舉世聞名的世界公園瑞士這個國家，面積比臺灣稍微大一些，是《馬斯垂克公約》中的一國，但瑞士並非歐盟的成員國。瑞士是最早宣佈成立永久中立國的國家，也就是說，不論在平時或戰時，瑞士將永世中立奉爲國家的政策。

在全世界近二百個國家中，已有七個宣佈爲永久中立，並得到國際上的普遍承認。永久中立制度起源於十九世紀初，世界上第一個永久中立國家是瑞士。也有資料顯示瑞士是「國際法」中唯一明定的永久中立國。

瑞士這個國家，有四種官方語言：法語、德語、義大利語和羅曼什語，他們的教育制度在各州有相當的自主權。如果你在某一州取得學位，而你需要去另一州工作的時候，似乎原有的文憑必須重新認證或另考證照。

歐洲聯盟，簡稱歐盟，是根據一九九三年生效的《馬斯垂克條約》（也稱爲《歐洲聯盟條約》）所建立的政治經濟聯盟，現在擁有二十八個成員國，正式官方語言有二十四種。依照《里斯本條約》，政治上所有成員國均爲民主國家。二〇〇八年的《經濟學人》民主狀態調查，歐盟在經濟上爲世界上第一大經濟實體，其中德、法、義、英爲八大工業國成員，軍事上絕大多數歐洲聯盟成員國爲北大西洋公約組織成員。

歐洲聯盟的歷史可追溯至一九五二年建立的歐洲煤鋼共同體，當時只有六個成員國。一九五八年、一九六七年、一九九三年數次分別統合在歐洲聯盟之下，歐盟已逐漸從貿易實體轉變成經濟和政治聯盟。同時，歐洲聯盟在一九七三年至二〇一三年間進行了八次擴大，成員國從六個增至二十八個。起初推動歐盟的動機，是渴望重建二戰後損失慘重的歐洲，希望歐洲不要再度陷入戰爭泥沼。

歐元是歐洲聯盟的官方貨幣，目前二十八個成員國中的十八個採納爲流通貨幣；《申根條約》取消了部分成員國之間的邊境管制，目前已有二十二個歐洲聯盟成員國和三個非成員國實施。

目前歐盟的主要議題是歐盟的擴大、落實《里斯本條約》、全球暖化問題、非歐元區成員國加入歐元區、主權債務危機。

自古以來，政治方面合久必分、分久必合。歐盟因爲聯合而壯大，這期間並非沒有困難，各國相互牽連，是支持、某方面也是一種制衡。歐洲國家之間去掉了關稅、統一了貨幣……這些都是非常重大的措施，還有一項非常重要的，就是「伊拉斯謨（Erasmus）」。歐洲各國之間，原來各國教育制度，各有所本，非常不同。近年來，他們儘量異中求同，包括法國連學制也做了很大的調整，目的就是希望歐洲的學生，能在不同的國家，無縫接軌的接受高等教育。因此目前，歐洲學生通曉三四種語言的比比皆是，增加了青年學子的國際交流機會，特別是到其他國家就業的機會，這都得歸功於「Erasmus（伊拉斯謨）」計畫。

重視思考訓練　不重視背誦

會考第一堂考四小時哲學

1809 年拿破崙開始

應考無須「背多分」、「講光抄」

從來不考選擇題

法國每年的高中畢業會考是年度盛事，於六月中旬進行，目前一年有七十萬左右的學生參加。考試的第一堂就是四小時的哲學考試，無論理工組、文組或社會經濟組，人人都得考哲學，題目是申論題，這是從拿破崙時代開始的規定，人人都需要會哲學思考。由於是申論題，參與閱卷的老師人數也非常多，因此每年閱卷的成本也相當可觀。

會考第一堂考哲學，這是兩百多年來的傳統，也是法國人的驕傲。無論理工組、文組或社會經濟組都必考，文組在高中時每週要上八小時的課，在會考中，哲學佔七科中的配分最高。

雖然有人質疑年輕人連工作都難找了，唸哲學有用嗎？凡爾賽市副市長貝勒米說，正因沒用反而有用，哲學課就是要求學生深度思辨，用適當且具邏輯的語言闡述個人思想。

爲什麼法國如此重視哲學？因爲拿破崙在一八〇九年創辦會考時，就規定要考哲學。法國堅持哲學課，是要訓練學生自由思考，同時避免制式思考，以免政府、媒體、時尚、政治人物灌輸同套價值標準。

法國哲學考試，文理各組皆有不同的三道考題，考生可以在兩題問答題中擇一回答，另一題則是閱讀心得評論。比如二〇一一年的題目：「藝術是通往眞理的途徑嗎？」、「我們是否能證明科學假設？」、「試解釋尼采著作《歡愉的智慧》一書選文」。

而二〇一四年理科組哲學試題：「我們是否有義務尋找眞理？」、「沒有國家我們會更自由嗎？」和「評論盧梭的《愛彌兒》」。看法國每年高中會考哲學考題，都會讓人感受到法國社會對於某些價值的重視與維護。有臺灣網友看到法國的哲學考題，覺得「感動到想哭」。這位網友說：「我如果是考生，拿到這樣的考題，我會覺得我受到尊重」。

比如二〇一四年的考題：「沒有國家我們會更自由嗎？」這個題目凸顯出法國在全球化過程中，重新思考自由主義的議題，質疑國家的角色，因爲與政治相關，連政治人物也嘗試思考這個考題。法國教育部長佩永（Vincent Peillon）將自己的答案告訴媒體記者：「當然不會，但是，眞正的問題應該是，什麼樣的國家會准許我們自由？」

經過哲學的思考訓練，下次看到網路流行的「懶人包」，我們應該思考一下，不要「照單全收」，自己去思考尋找一些眞相吧！的確，接受基本哲學訓練對每個人都是必要的，它不是要訓練哲學家，而是讓我們每個人都有思考與判斷的能力！

臺灣的考試常考的題型有是非、選擇、塡空、問答（有標準答案），爲了所謂公平評分，幾乎一定要有標準答案，因此學生習慣於「背多分」、「講光抄」，爲了追求高分，久而久之，同時不知不覺中，只追求標準答案，而逐漸喪了獨立思辨的能力。

在法國，他們是從來不考選擇題的，至少是簡答題。這一點的確值得我們參考！

家庭津貼

生養衆多
負擔也沉重

七十年來
貧富均
一視同仁

孩子越多
補助也越多

2015/01/15
家庭津貼
不再齊頭平等

法國以前一向生育率偏低，如果家裡有三個小孩，這就叫「大家庭」（Famille Nombreuse）。意思是說，家裡成員衆多，自然教養負擔沉重，從七十年前開始，法國就實行了家庭津貼的補助，無論貧富，都享有同樣的補助，補助金額是以孩子數量來決定。

當一個家庭有第二個小孩出生時，每個月政府給予一百二十九歐元的補助，三個小孩每月二百九十五歐元，四個小孩每月四百六十歐元，也就是「生的越多，補助也越多。」法國人在二次大戰前後，有許多家庭孩子人數也相當多，七八個、甚至於十個左右的都有，後來生育率就越來越低，倒是許多移民家庭生養衆多，光靠這家庭津貼，一家人也勉強可以維持溫飽。

當初法國政府就是體恤「孩子衆多」的家庭，其生活負擔比沒有孩子的夫婦沉重，因此無論貧富一視同仁，他們全部都能得到相同的補助金，因此有人覺得「很公平」，因爲它是按照小孩多寡決定補助金額的大小，因為孩子多，各方面的花費也越多。但也有人認為這樣的分配方式不太公平，有錢人應該有能力自己多負擔一些孩子的費用。

我認識一個法國家庭，太太是臺灣人，夫婦兩人的原生家庭也都有很多的兄弟姊妹，他們有六個孩子，這在法國非常少見。我們去玩的那天，只有兩個孩子在家。平常孩子都在家的時候，加上父母，再加上幾個朋友，一下子就是十幾個人，哪怕煮麵都要煮好幾把才夠！我終於看到什麼叫「大家庭」！

參觀孩子們的房間，簡直就像學生宿舍一樣，他們的經濟情況是蠻好的，否則養那麼多孩子談何容易！

從二〇一五年一月十五日開始，這實行了七十年的制度已有所調整，以前每月補助一百二十九歐元的津貼調整為六十五歐元。因為這家庭津貼是從孩子出生就開始，一直補助到孩子二十歲。由於政府其他的補助，比方「住房津貼」是要看家庭收入狀況而決定，因此法國政府也做了一項改革，從二〇一五年開始，家庭津貼也大幅減少，不再單以小孩多寡而定了！

樂
Notre Dame de Paris
Bonjour
parfum
vin
fromage
croissant

帶薪休假

休假還有薪水可領

帶薪休假節節高升：
1936 帶薪休假二週

1956
帶薪休假三週

1969
帶薪休假四週

1982
帶薪休假五週

我們聽說過「停薪假」或「無薪假」，也就是說，一個在職的人申請休假，但不支領任何薪水。殊不知在法國，有一種假期叫做「帶薪休假」，意思是休假期間仍然有薪水可領。天下眞有這麼好的事情嗎？且聽我們慢慢道來。

在一九三五至一九三八年間，法國左翼各黨派和群衆團體爲反擊法西斯勢力、實行社會經濟改革而組成的統一戰線，就是「法國人民陣線」。

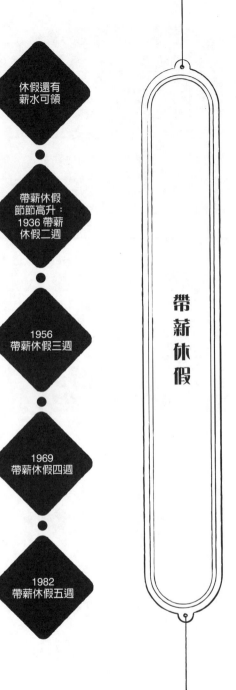

一九三六年五月，人民陣線在衆議院選舉中獲勝，社會黨人L．布魯姆組織首屆人民陣線政府。政府實行某些改革，如提高工資百分之七至百分之十五，推行每週工時四十小時和「帶薪休假或付薪假期」等等。

在二十世紀上半葉，世界各地的老百姓工作都很辛苦，法國人也是一週工作整整六天，少有歇息，直到一九三五年，法國雇主開始給工人放「帶薪休假」，希望爲他們帶來比較優渥的工作條件。最初是給他們兩週的假期，那些聽到這好消息的人也不敢置信，甚至不敢去度假，生怕去度假之後回來連飯碗也沒了。

最初這帶薪休假是十五天，到一九三六年立法之後，明訂爲兩週，到一九五六年明訂爲三週，一九六九年改爲四週，到一九八二年改爲五週。也就是說，每個受薪者工作一個月享有二天半的假期，累積下來，一年就有五週的「帶薪休假」。

「帶薪休假」的立意，是讓受薪者可以安心帶著家小出去遊玩，到鄉下也好，出國也罷。休假是一定要的，受薪者不可以跟老闆說：「老闆，我不休假，請加發不休假獎金給我。」這種想法在法國是絕對行不通的，員工和老闆都不會有這樣的想法，這也就是爲什麼，法國人超愛度假，今年度假才回來，就在規劃明年要去哪裡了，因爲他們認爲度假比工作更重要，而且在度完假之後，大家的心情較好，工作效率也比較高。

現在世界各國包括臺灣，舉凡有規模上軌道的公司都有「年休假」的制度，休假時間長短，一般是看員工在公司任職的年資與績效而定。

帶薪休假時間最長的要算法國。目前法國的工時是每週三十五小時，他們仍然覺得工作時間太長，希望能夠改善，這一點也常常成爲各方政客在競選時用來爭取選票的籌碼。

這每年長達五週的帶薪休假，法國人一般也分成兩階段來享用，比方暑假先去度假一段時間，剩下的留在其他的時間使用，外加聖誕節、復活節將近三週的假期，法國人放假的日子還真不少呢！

法國人愛度假

七月一日
全民大出發
Le grand
départ

度假是去
外地過不一樣的
生活

前往鄉居、
鄉下或國外

度假是定點
休息、閒閒
曬太陽

法國人眞的愛度假，今年才回來，就在規劃明年要去哪裡。而且這個議題是年輕孩子也可以參與的。既然法國所有受薪階級都有五週的「帶薪休假」，因此在夏天的時候天清氣朗，最適合旅遊的季節，也是幾乎人人都利用這個時期去度假。通常七月一號是全民出發去旅行的日子，法文叫作「大出發（Le grand départ）」，有人爲了避開車潮，甚至三更半夜開車，免得被塞在高速公路上。

度假對他們來說是離開原有的居所，到鄉間自己的房子，或是一個人煙罕至的地方，約個三五好友一塊度假，經濟景氣的時候，就去更遠一點的地方。

亞洲國家，法國人對泰國很有興趣，來過東方的人，對中國也很有好感。參加旅行團的固然有，但也有不少散客，他們都會先做足了功課，略通中文的可能完全自由行，因爲觀光指南編寫得非常詳盡，法國還蠻多人用這種方式旅行的，也有的會先約聘當地通法文的地陪，因此當我們在觀光景點參觀的時候，時常會聽見有導遊用著非常漂亮的法語在解說，他們有專門訓練觀光導遊的學校，說實話，這些導遊的法語相當好，有時只聽聲音，會以爲他們是法國人。由此可見，中國大陸學習外語的學生，他們的訓練相當扎實。

臺灣人也愛度假，現在風氣也開了，我們的度假，通常是到外地或國外。我們比較流行跑很多景點，到每個地方都一定要卡擦卡擦照個不停，如果是團體大合照，每個人的相機都要排隊，一個相機也不能漏掉。臺灣人愛照相也是出了名的。在歐洲看到的觀光客，胸前掛著相機的，不是日本人，就是臺灣人，現在大陸人也越來越多，他們也挺愛照相的。

法國人度假，與我們最大的不同，他們是找一個定點住下來，享受閒閒沒事曬太陽的時光。一般說來，法國是溫帶氣候，溫暖陽光普照大地的時間不比臺灣多，因此他們很珍惜有陽光的日子，喜歡曬太陽，爲了快速曬黑，除了要擦保護皮膚的乳液和油膏之外，有時還要吞顆藥丸加速曬黑，因爲他們覺得曬成古銅色非常好看，同時也是有錢有閒的人度假歸來的象徵。

法國人度假還眞是與平日生活不一樣，度假時他們生活得非常簡單，甚至去租一個非常鄉下的地方，只有幾百個居民的小鄉下，他們帶著簡單的行囊。平時他們床單至少兩層，一層包著床墊、一層裹著毛毯，度假時他們會帶一種簡單的被單套子，是用被單做成睡袋的樣子，它有個可愛的名字，叫做「肉袋（Sac de viande）」，這玩意兒不佔地方，輕便又實用。反正醉翁之意就是要休閒，吃的、用的都一切從簡，對法國人來說，度假就是要享受「閒閒美代子」，什麼都不做的生活！

第二居所

- 有了能力 購置第二居所
- 能夠的話 一切 DIY
- 觀念與 臺灣人不同
- 法國人為 自己的休閒；臺灣人 為了子女

法國人和臺灣人在住屋方面的觀念很不相同。我們最近才開始大力推動「合宜住宅」。大多數臺灣人仍然認爲，有土斯有財，因此傾一生心力也要買棟房子。只可惜臺灣的房子越來越貴，尤其臺北市，非蛋黃區的老房子，甚至五十、六十萬一坪，這實在不是一般市井小民可以買得起的。

法國早在二十世紀八〇年代，就推出了 HLM，最初叫做「便宜住宅」，後來改名「平價住宅」，目前大約有超過千萬的人住在這種 HLM 裡，它的確是平價又方便的住宅。

臺灣人有錢置產，所謂第二棟、第三棟房子，嘴裡不說，心裡也盤算著將來留給子女一人一棟，法國人的觀念則完全不同。法國人有閒錢，也會去買第二居所，如果平日住在城裡，這第二居所就會買在鄉下，有閒的時候，就開車到鄉下，而這第二居所的一切，法國人喜歡自己動手做（DIY），舉凡油漆、粉刷、糊壁紙等等，他們都喜歡自己慢慢做，做不來的馬桶一類工程，才請師傅來做。

因此，如果法國人在鄉下買了一棟房子，他們可能要花上半年、一年的時間來裝修，自己動手慢慢做對他們來說是很大的樂趣。各種材料和工具，很容易買得到，甚至還有出售「DIY」工具的專賣店。甚至店名就叫「Bricolage」，就是「自己動手做」的意思。

法國的DIY工具的專賣店，與臺灣近幾年興起的特力屋（B & Q）也不太一樣。法國人大概眞的親手做裝潢，因爲他們覺得是一種樂趣，臺灣人去特力屋，很多時候是買一些基本材料，實做部分常常還是勞駕特力屋的工班，因爲他們比較專業迅速。

法國人的確比較喜歡住在鄉下一點的地方，他們的住處甚至離工作地點很遠，開車、再搭火車都行，因爲他們喜歡一個獨門獨院，有庭園可以種花草的地方，即使上班要奔波四五十公里，他們也覺得很好，因爲法國人很注重居住的環境品質，我們看重的可能是方便爲主，他們看重的則是安靜、悠閒與舒適。

樂

度假做什麼

度假地點

度假時間

度假吃什麼、穿什麼

度假就是遊手好閒

臺灣每年也有許多人度假，攜家帶眷或與友人結伴而行，去海邊、去登山、住民宿等等。近幾年，許多有小孩的家庭甚至流行帶著小孩跟一群朋友去露營。當然逢年過節，有的家庭全家一起出遊到國外、住民宿的也大有人在。旅遊的觀念在臺灣也越來越盛行，但是這和法國人的度假觀念好像差的還蠻大的。

我們度假，即使到了定點，也希望多去附近幾個地方走走，並且留影紀念。法國人度假不是這樣，景氣的時候，他們也往國外跑，但更多的時候，他們是去自己的鄉間別墅或第二居所，再不就是和友人一起租個鄉居，通常是人煙罕至、相當靜謐的地方，安安靜靜的休息，對法國人來說這才是度假。

度假時間也和我們很不相同，法國一般受薪階級，每年都有五週的年度帶薪休假，而夏天的氣候對他們來說，最是陽光燦爛、風光明媚，因此，大多數的法國人一定會在夏天度假，即使不是全部假期放在暑假，夏天總也會去度假至少十天、半月，因爲對於溫帶氣候來說，夏天天氣好，白天很長，眞的最適合旅遊，穿得少少的、曬得黑黑的，是法國人喜歡的調調。

至於我們慣常用的度假時間是在新年放年假的時候，而法國人的聖誕節是家人團聚的日子，過新年時，年輕人有可能和朋友一塊出遊或滑雪等等。

法國人夏天的度假到底吃什麼、穿什麼、做些什麼呢？如果自己開伙做飯，也可能十分簡單，生菜盤、火腿肉和麵包、乳酪，甚至不用開火吃冷的就好。

穿的也簡單至極、悠閒舒適。度假期間到底做什麼消遣呢？他們可是什麼都不做，徹徹底底的享受悠閒，好一個「無爲而治」的度假最高境界。臺灣人要適應這樣的生活，非得修個十年八年才會習慣。因爲臺灣人的度假，一定東奔西跑要有些特別節目。而法國典型的度假生活，就是遠離塵囂，到山裡走走、鄉下曬曬太陽、徹徹底底享受悠閒，他們度假的目的，就是什麼都不做……。

紅酒、白酒、粉紅酒和香檳

法國人餐桌上經常有酒，請客的時候，更是開胃酒、餐間酒及消化酒，不同的時段喝不同的酒。在法國，酒是一種生活的文化。

釀酒的葡萄和一般吃的葡萄是不一樣的，吃的葡萄甜度應該略高。葡萄有苗木品種的分別，各個產地的葡萄苗木品種不同，產出的葡萄品質也不同，做出的酒自然也很不相同。葡萄苗木品種在法國有好幾百種之多，他們很重視葡萄苗木品種，對他們來說，這是品質保證的第一關。

葡萄酒的品質好壞，除了取決於苗木品種之外，當年的氣候水分也是重要因素，如果那一年比較乾旱，當年出的葡萄酒品質反倒較好。比如波爾多省八二年的紅酒，因爲氣候較乾燥，日照充足，當年的酒就比較好喝。

紅酒使用紫葡萄釀造，食用紅肉時飲用，所謂紅肉是指牛肉、豬肉、羊肉等。白葡萄酒使用綠葡萄釀造，食用白肉時飲用。一般海鮮、魚肉都是白肉。另外法國有一種粉紅酒（Vin rosé），什麼時候喝呢？比方吃田雞的時候，因爲田雞既不是紅肉，也不是白肉，於是就喝粉紅酒。粉紅酒一般可以替代紅酒。

香檳在法國也是赫赫有名的，不論個人、家庭，甚或團體，舉凡重要慶典都要喝。哪怕是個人人生中的重要時刻，都要開香檳來慶祝。舉例來說，法國沒有臺灣所認知畢業典禮，沒有穿袍子、丟帽子、合影留念比「耶」、名人演講之類的活動。比如通過博士口試答辯，這是人生重要時刻，當事人會舉辦一個慶祝會，邀請親朋好友來參加，此時一定要開香檳慶賀，「砰」的一聲，歡樂氣氛來到最高點。

這些酒多半都是葡萄釀造的，每種酒釀製方法不同，有的須經蒸餾，有的須經發酵。白蘭地的酒精度數較高，它的酒杯杯口比較小，是在晚間吃完飯後，再來一小杯助消化用的。

法國人也愛喝酒，一般來說個人隨意、淺嚐即止，因此喝酒的時候都互祝「健康」，至於我們愛用的「乾杯」，在法國幾乎是一個存封在字典裡的詞彙，眞的，有這個字，但幾乎沒有在用呢！

法式、美式、義式咖啡

各式咖啡杯容量不同

咖啡價格因區域而異

站著或坐著喝價格也不同

點咖啡的方式價格也可能不同

臺灣近年來喝咖啡的人口越來越多，已經蔚爲風氣，很多人也很有研究，甚至有人自己種咖啡豆、自己烘焙、自己研磨更不在話下。我們現在街頭巷尾也到處是咖啡店，甚至超商也買得到研磨的咖啡。在法國超商還沒賣咖啡的，不過喝咖啡的文化，在臺灣和在法國喝咖啡好像還有許多不同的地方。

首先，在法國宿舍裡或家庭中，早餐的咖啡容器，多半使用大碗喝，法國人所謂的牛奶咖啡（Café au lait），是許多咖啡，加一點點牛奶，東方女孩子在宿舍喝的，其實該叫作咖啡牛奶（Lait au café），是許多牛奶，加一點點咖啡。

如果去咖啡店喝，一般會點牛奶咖啡（Café au lait），在法國有時叫作「Un crème」，因爲有時裡面加的是鮮奶油，這是最常點的。如果客人想要大份量的，就說：「美式的（A l'américaine）。」臺灣說的美式咖啡，和法國的美式咖啡不一樣。法國是指杯子的容量，大杯的！再不點一個Expresso，這種又比眞正的義式咖啡大一點，味道淡一些。

咖啡價格因地點不同，價格也有所不同。在歐洲，走累了喝杯咖啡很普通，歇歇腳、看份報紙、望望大街上人來人往，這就是法國生活。常有臺灣觀光客覺得在法國上廁所很不方便，因爲一般只有兩種選擇，公共廁所和咖啡店的洗手間，和我們想像中的休息站，一大排的廁所等著觀光客，買買東西、上上廁所是不一樣的。法國路邊公共廁所需要付費，而咖啡店的廁所，當然需要先消費。法國咖啡很便宜，但如果認爲，我借廁所還得要先喝咖啡，心裡自然有不一樣的感覺！

義式　法式　美式

最大衆化的就是牛奶咖啡（Café au lait）和Expresso，觀光區就貴一些，比如香榭麗舍大道的咖啡，顯然比一般巷弄的咖啡要貴得多。

早晨站在吧檯邊，喝杯咖啡、吃個牛角麵包的人，就比坐著喝、慢慢吃的客人便宜。

此外有故事說，客人點咖啡的方式，也影響其價格。據說有次一個人到法國咖啡店喝咖啡，發現同樣的東西，竟然老闆向客人的收費不同，他百思不得其解。後來才發現，原來看客人點咖啡的方式決定咖啡的價格。客人如果很有禮貌，說：「請，麻煩你，我要一杯咖啡。」要價正常。客人如果只說：「來杯咖啡。」表情木然、語調冷漠，這杯咖啡就貴了！客人如果進門時很和善的打招呼問候，這杯咖啡就便宜多了。據說這是眞實的故事！我想這故事有其眞實性，因爲東方和西方還有一個明顯的不同，我們見到同樓的住戶，不認識的時候，眼神都刻意錯開；而在法國，同樓的住戶主動打招呼是很正常的事。

花草茶（Tisane/ Infusion）

黑茶、白茶

綠茶、烏龍茶

菩提茶

薄荷茶

馬鞭草

各種花果茶

法國晚餐時間很晚，一般在八點半之後才開始。家裡有小孩的，也早早把孩子餵飽趕上床去，從來看不到小孩滿場飛，因爲在他們發人來瘋之前，已經被請去睡覺了。

晚餐時間如有客人，一餐飯吃下來很可能要三四個小時，餐後又回到客廳，來杯消化酒，再來一杯咖啡，怕睡不著的人就可以喝花果茶。

在東方住過或接觸過東方文化和友人的，就可能喝杯紅茶（他們稱爲「黑茶」）、綠茶或烏龍茶，當然還有白茶。要不來杯菩提、薄荷、馬鞭草或各式花果茶。

各式花果茶，超級市場都有賣，當然還有花果茶專賣店，他們賣的就不是茶包，而是純正的花果茶葉子原形呢！其中很多花果茶葉都有安神的作用，換言之，有些花果茶葉本身就有天然安眠藥的效果，效果超強但不是藥品。舉例來說，薰衣草常被做成漂亮的小布包，放在室內可以薰衣、可以安神，走進房間就滿室飄香，讓人有很舒服的感覺。當然它也可當作茶飲，泡起來淡淡的藍色，聞起來比喝起來更吸引人。

遠近馳名的還有菩提茶，法國南部很多鄉下都看得到這種樹，有葉子有果實，一般鄉下居民，把菩提、薄荷葉直接摘下來，放於托盤用陽光曝曬，曬乾後裝在瓶子裡，喝的時候取數片葉子，用開水沖泡。菩提、薄荷葉都可安神，不習慣的人一喝就想睡覺了。有次我的學生來巴黎玩，那年剛好我在巴黎，白天他們出去東奔西跑的玩，晚上我們吃完飯後，泡了一壺菩提茶，喝著喝著、聊著聊著，他們的眼皮就垂了下來……後來他們告訴我，說這菩提茶還真有效！當然也可能他們白天已經跑得很累的緣故。

馬鞭草也是法國南部常見的花草，記得第一次喝馬鞭草是在法國東南部，依稀記得有點喝薑湯的感覺，可能是思鄉的緣故，喝著一種新的香草茶，想著臺灣的薑湯。之後再喝馬鞭草，已經不再有那種感覺，但每次去法國的時候，總要帶些馬鞭草回來，好像要把第二故鄉的記憶帶回來似的，這就是旅人的小小毛病吧！

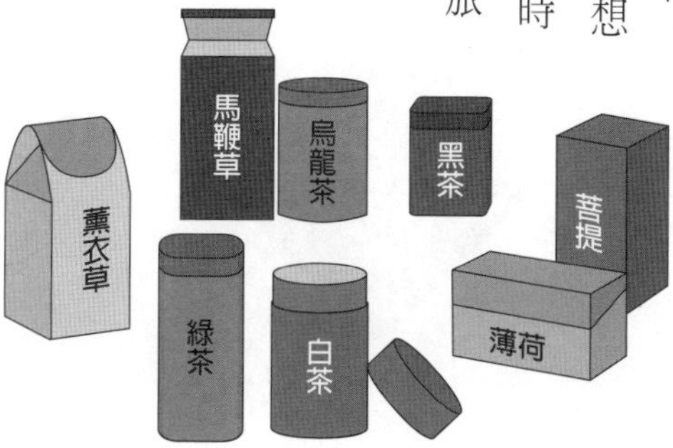

嘉年華會（Carnaval）

各地的定義有所不同

法國最有名的城市嘉年華——尼斯和敦克爾克

「Carnaval」是什麼意思

法國敦克爾克如何慶祝嘉年華

只有嘉年華會時，開玩笑是百無禁忌的

近年在臺灣各地時常舉辦「嘉年華」，有各式各樣的嘉年華，我們也很習慣這樣稱呼，但我們所稱的嘉年華會，是指一個熱熱鬧鬧的節慶活動，似乎是取「嘉年華會」這幾個字熱鬧歡愉的氛圍，我們似乎並未探究西方的「嘉年華會」是怎麼回事，是在慶祝什麼？原來臺灣的嘉年華和法國的嘉年華是兩回事。

西方基督教國家的嘉年華會，是和宗教的節慶緊密相連，通常是在復活節前四旬期封齋（carème）的前三天舉行，封齋的時候教友們生活簡樸，在封齋的四十天當中，原則上是不吃肉的，平常週五虔誠的天主教友也都常吃魚而不吃肉，為了紀念耶穌在週五受難。嘉年華會是在封齋之前，總是要先祭祭五臟廟，好好大吃大喝大玩一番。

法國最有名的嘉年華會，要屬尼斯和敦克爾克兩個地方。前者是觀光勝地，後者是二次大戰一九四〇年五月二十六至六月四日德軍獲得關鍵性勝利的地方，近三四十萬聯軍士兵成功撤退到英國本土，就是在敦克爾克這個城市。敦克爾克除了記錄歷史上光輝的一頁之外，這個城市的嘉年華會也非常有特色。

平常中國的京劇、臺灣的歌仔戲，各地的地方戲常有「反串」的情事，大家也都習以爲常，觀眾知道演員是女的，但她演的是老生或小生，舉手投足也都很瀟灑，只是多了一分秀氣，我們覺得很自然。另外還有最有名的旦角梅蘭芳，他是百分百的男人，但演戲的時候舉手投足可是比女生還秀氣，不知風靡了多少男性觀眾。關於反串一事，法國人卻覺得奇怪又彆扭，他們無法欣賞，更無法認同。唯一他們可以接受「反串」這回事，時間和場合就是在舉辦嘉年華會的時候。

在敦克爾克的嘉年華會，一眼望去滿坑滿谷都是人，而且都舉著特別加了長柄的雨傘，隨著音樂節奏萬眾一心地擺動雨傘。

此外，法國人平常除非工作需要，他們不喜歡穿制服。但在嘉年華會的時候，有些公司同仁刻意穿著同樣的衣服，手牽手、肩並肩來大街上遊行，做出平日他們不以爲然的事情，包括勾肩搭背，戴著面具，譏諷老闆之類的，因爲平時他們眞的沒有機會這樣做，唯一的機會，讓他們放開來去玩的就是一年一度的嘉年華會。更勁爆的是，你眼前看到的「母女檔」，手腕提包濃妝豔抹的，走路婀娜多姿的，原來是一對父子喬裝的。要不是嘉年華會，法國人是不可能這樣做的！

因此，世界各地都有嘉年華，但你的「嘉年華」和我的「嘉年華」不只定義不同，而且呈現出來的可能也大異其趣呢！

電影宣傳口號　三天三歐（3 jours 3 euros）

法國電影院分成很多小廳

電影圖書館可看到各時期的作品

最好的宣傳口號（三天三歐 3 jours 3 euros）

巴黎有超過三百家電影院，每週大概有八百多部電影輪番上映。對於法國人來說，看電影是他們不可缺少的日常娛樂活動。

巴黎比較多人知道的電影院就是MK2、Gaumont和UGC。其中，UGC最貴，MK2其次，gaumont最便宜。依照各個地區的地理位置，每個電影院的票價有所不同。一般電影的票價是在四歐至十四歐左右浮動。學生可以購買學生票，但有的電影只在非週末時段有學生優惠價；二十五歲以下的青年也有優惠票。MK2的票價大約在五至七歐之間。UGC則是在八歐至十一歐之間。幽默的是，如果你是待業中的法國人，提供失業證，可以享受失業人士的價格。如果有五人同行，有的電影院可以購買團體票。

如果你常常去看電影，可以辦一張「月卡」，UGC的「illimité卡」，每個月差不多是二十歐元，一個月不論去多少次都可以。法國的電影院每年也常做優惠活動，打完折便宜的時候，電影票才三歐左右一張。或者有的電影院會和銀行合作舉辦活動，擁有某家銀行的信用卡，銀行可能包場，請貴賓免費看電影。其實臺灣也有類似的活動，招待貴賓的電影通常是很新很、叫座的片子。

可能在某些國定假日或者優惠活動的時候，某些電影院，看電影的人會特別多一些，需要排隊，但不用排上幾小時。

在電影院買票，也有自助購買系統，不需要人工服務。或許在售票窗口買票，買票的時候需要注意，VO（version originale）是電影原聲加法語字幕；VF（version française）是法語配音加法語字幕。不像臺灣，連電視上的所有節目，都配有中文字幕，在別的地方是沒有這麼周到的。

原聲帶版本的電影在法國並不是很多，只有在熱門的電影院才有，而且場次也不如法語配音版本的那麼多，基本上都在週末放映。看英國片或義大利片，說法文不會覺得很奇怪，但如果一個中國功夫片說法文，你就不得不佩服那些配音員了！

看電影是一個非常好的學習口語的方法。動畫片可以當作入門來看。一邊看著字幕一邊聽著原聲，還是能夠聽懂不少，也可以瞭解一些生活常用語的拼寫和發音。

法國電影節的時候會推出各國經典名片，記得在法國的院線，我曾看過《馬路天使》（一九三五年），女主角是周璇；也看過女作家林海音的《城南舊事》，他們找了一個很像臺灣小女孩的人來飾演林海音在北京度過的童年。

法國電影與好萊塢的電影不同，法國電影人物不多，對白很多，通常都有人文的關懷，懂得法語的人會覺得很好看。法國的電影學校也很有名，排隊想要入學的人也很多。有很多學電影的人，就天天泡在電影圖書館裡，一部接著一部看。所謂「熟讀唐詩三百首，不會作詩也會吟。」這耳濡目染的情境，對電影人來說真的很重要。

再說，即使在巴黎的院線，也可看到東方、西方、三〇年代到現今的片子。有年暑假我重返巴黎，短短一個月，我就看了十一部各國的片子，包括賺人熱淚的日本片、搞笑的義大利片、還有解禁前的俄國片……至今某些的畫面還深刻的印在腦海裡，令人難以忘懷！

法國人促銷電影也頗有一套，他們會舉辦各國的電影節，也曾在二〇〇八年第六屆巴黎電影節邀請臺灣的郭南宏導演前往，並且爲他舉辦個人的作品回顧展。

吸引大家來看電影，他們的廣告做得也極好，廣告詞這樣說：「三天三歐（3 jours 3 euros）」，即使電影圖書館也沒這麼便宜！那麼三天三歐，到底是什麼意思？每個人都想去看一下。

音樂節

音樂節（Fête de musique）的緣起

音樂無國界

音樂節遍地開花

每年的六月二十一日是法國的音樂節。每逢這天，只要在法國，無論大城小鎮，大街小巷，你都能見到人們自發組成的樂隊在盡情高歌。當然他們是以業餘的音樂愛好者和年輕的學生爲主。法國音樂節素有「全球唯一一個跨越國界、語言和文字障礙的節日」之稱。是一種人人都可以參加的活動，這一天，無論是專業的音樂人，或是素人都可以在街上演出，而且你還可以有幸見到你喜歡的音樂家，著名的歌星，音樂界名人，他們都將在音樂節免費爲人們演唱。

每年六月二十一日是法國宣佈夏季開始的日子，法國前文化部長賈克朗（Jack Lang）決定在這一天舉辦一個眞正屬於全民的音樂節。從一九八一年起，每到夏至這一天，所有專業、非專業的音樂人或團體紛紛走上街頭，向公衆免費展示自己的音樂才華，沿襲至今，音樂節已成爲法國最受大衆歡迎的節日之一。

目前，全球五大洲三百四十多個城市已成了法國音樂節的分會場。這一天無論是業餘愛好者，還是專業音樂人，都會走上街頭，展開露天音樂會，整個城市都沉浸在各種音樂氣氛之中，從古典音樂到流行音樂，悠揚的音樂一直持續到第二天凌晨。

這是一個不分族群、不分年齡、不分國籍的節日，只要你願意分享，你就可來到街頭盡情歡唱，用自己喜歡的方式呈現。記得我們在巴黎的教會，也選擇了一個華人出入頻繁的區域，大聲高唱聖詩，與當地民眾分享。

之前要在教會認真練習，之後要在大庭廣眾之前引頸高歌，這真是一個特殊的經驗，一個音樂無國界的最佳體驗。去到約定的場地，以及回到家中的一路上，總有三五成群的人聚集，玩著樂器，歡樂唱歌，整個的城市空氣中都飄散著跳躍的音符，這真是一個令人難忘的音樂節，也難怪現在全球各地每年幾乎在同一季節，也都舉辦「音樂節」，這個無國界的歡樂節慶，真的能夠拉近人與人之間的距離！

塞納河的沙灘

巴黎沙灘始於 2002 年

法國人喜歡享受海邊嬉戲

把沙灘搬到城裡來

「仁者樂山，智者樂水。」法國人基本上來說，很愛度假、很愛戲水、很愛登山，也愛健走。度假如果在海邊，是連很小的孩子都帶去玩水，只見小孩跌跌撞撞，才會走路的小孩好像也不怕水，玩得不亦樂乎。

巴黎市政府顧及暑期不少居民無法在海邊享受陽光沙灘，特地將市中心塞納河邊的快車道，暫時性地打造成一個充滿了風情的沙灘。無論是細沙、躺椅、熱帶棕櫚、大陽傘、更衣室、露天酒吧、沙灘排球……海灘常見設備可說應有盡有。

此外，除設置有沙灘圖書館提供書籍閱讀，還舉辦許多免費的露天活動，如音樂會、電影欣賞、水上運動、或是手工藝工作坊等等。

由於「巴黎沙灘」廣受民眾甚至外來遊客的喜愛，巴黎市政府將活動辦得有聲有色。以二〇〇六年來說，變化最大的區塊在左岸偏東，法國國家圖書館附近。不僅增置了一片七百公尺長的細沙灘，一座設計新穎浮在塞納河上的游泳池也同時啓用。另外爲方便兩岸沙灘的往來，特別提供接駁車免費供民衆搭乘。

「巴黎沙灘」的成功，已激發其他國內外不少城市紛紛競相模仿，如柏林、布拉格、布達佩斯、布魯塞爾等等。

「巴黎沙灘」當初是爲了不能去海灘的人規劃，沒想到無心插柳柳成蔭，如今呈現多重面貌，有沙灘上的休閒活動、沙灘上的音樂與表演、沙灘上的運動、夜間的巴黎沙灘等等，風情萬種，吸引了來自各地的遊客，也成了巴黎觀光的新景點之一。

小費文化

處處要小費

電影、看戲、坐計程車（行李）

喝咖啡、吃飯都要小費

殺魚也要付小費

十九世紀中葉的法國文豪巴爾札克，有次去奧地利旅行，因他不懂德語，到了付車資的時候，他不知如何付馬車費，於是他拿出一把錢幣，一個個地放在馬夫攤開的手掌上，慢慢地數：一、二、三、四、五……一面觀察馬夫的臉，見到一絲微笑，就知道付夠了，再多給一枚。這多給的一枚就是小費。

在法國，吃飯、喝咖啡、看電影、看舞臺劇等等，都需付小費，就像現在我們出國去旅行，有人幫你拿了行李、整理房間也需付小費一樣。甚至有時在旅行社工作的導遊，他們也沒有固定的薪資，一切都是靠小費。提供的服務客人滿意，小費就賺得比較多。

在法國，在餐廳用餐，速食店除外，一般小費是百分之十二到十五左右。在餐廳前面通常有個燈箱，裡面張貼著餐廳的菜色、酒品等的價目，當然一定有一行字，註明是否包括服務費。如果已包括服務費，客人用餐後再留下一些零錢即可。一般餐廳或許會算好服務費，如果眞是沒算服務費的，客人就得除了基本用餐費之外，自動付百分之十二到十五的用餐小費。

喝咖啡一般也是有小費的，不過如果客人行程匆忙，只點杯咖啡，站在吧檯旁飲用，是無需付小費的。一般來說咖啡店很多都是熟客人，而且以男客人居多，女生現在也喝咖啡，老幼都有，但女生幾乎沒有坐在吧檯旁邊的，因爲即使像法國這麼開明的國家，早期的咖啡店也很少女性光顧呢！

看電影、看舞臺劇，有人帶位的時候，原則上需給小費，好幾個人一起去，原則上應該各人給點小費，因爲這些員工可能就是靠著小費生活。當然時代逐漸演變，小費文化也有一些改變。像電影院裡的帶位就越來越少，大家早早自己入座，一切就免了。

但在法國坐計程車，和臺灣就不同了，白天晚上規費不同。如果有行李的話，放在後座行李箱中的，大件小件行李的價錢也不同，當然司機先生爲你服務是需要給小費的。

更特別的是在法國魚店買魚，他們是不負責「殺魚」的。因此買好了魚，如要店家代爲清除內臟，付好錢之後，要把魚拎到店後有水槽的地方，請魚販代爲「處理」一下，記得千萬別用「殺魚」這個字，他們不懂，也會覺得非常奇怪，因爲我們這裡用「殺」，是指清除內臟的意思，當然魚販水槽邊放了一個小盤子，別忘了要付一點小費表示謝意，因爲法國是一個盛行小費文化的國家，小費是文化的一部分，也是一種人情味吧！

法國節日（Jours fériés）

- 法國節日多與宗教有關
- 聖誕節為家庭團聚的日子
- 復活節前有四旬期
- 聖誕節、復活節都近兩、三週假期
- 假日和週末夾著一天工作日，則自動調整放假，叫「過橋」

我們首先列出一年當中法國的節日，包括國定假日及宗教節日。表列入下：

一月一日：元旦
一月六日：天主教的「三王來朝」節日
二月二日：聖燭節
二月十四日：聖瓦朗坦節（情人節）
每年春分（三月二十日或二十一日）月圓後的第一個星期天：復活節
四月一日：愚人節
五月一日：國際勞動節
復活節後第四十天：耶穌升天節

五月八日：二戰勝利日
復活節後第五十天：聖靈降臨節／五旬節
六月二十一日：音樂節
六月底或七月初：三天的電影節
七月十四日：國慶日
九月的第三個週六和週日：遺產日
十一月一日：萬靈節／萬聖節
十一月二十五日：聖喀德琳節
十二月二十五日：耶誕節

法國的假日還蠻多，和我們不同的是，法國人的假日多半和宗教有關，比如聖誕節、復活節、耶穌升天節、五旬節／聖靈降臨節等等。

法國人一年中最大的兩個節日，就是聖誕節和復活節。原有的假期和週末加在一起，總有兩週幾近二十天。聖誕節是家庭團聚的日子，大家都會儘量返鄉，與家人團聚。有點像我們的農曆新年，大家都會返鄉回家團聚，因此這段期間，火車票也一票難求。

其實每年幾乎一到十一月底，百貨公司、超市、店家都佈滿著各式聖誕禮品，空氣中洋溢著聖誕節的氣氛，我們臺灣一年四季也有很多促銷的活動，聖誕節時百貨公司也張燈結綵，掛滿了聖誕的裝飾，但空氣中似乎就少了那麼一點韻味，或許這和整個環境的外在氛圍有些關係吧！

復活節是另一大的宗教節慶，每年春分後的第一個月圓的主日，之前的四十天，天主教友要守齋，封齋之前的幾天，要好好的享樂一番，這就是嘉年華會（Carnaval）的由來，法國最有名的城市，就是尼斯和敦克爾克，每年都熱鬧非凡，萬人空巷，走在人堆裡，就被推著向前走了。

復活節的時候，教堂裡會送復活蛋，因爲雞蛋象徵生命，象徵耶穌復活。而糕餅店櫥窗裡也都是各式各樣美麗的巧克力彩蛋，因爲復活節對基督徒來說，是一個比聖誕節更重要的日子。他們甚至還有一個傳說，說所有的鈴鐺都飛到羅馬去了，直到復活節後才回來。

至於聖誕節的應景食品就是樹枝形狀的蛋糕，該說是樹幹形狀，和臺灣的大理石捲一樣粗細。另外，還有生蠔，他們是一箱一箱的買，一箱一箱的送，吃的時候沒有做成「蚵仔煎」的，蠔是生吃的，打開以後頂多撒點胡椒粉和檸檬原汁，直接送入嘴裡，甚至連旁邊的水都一口喝下去。一樣的蠔，不一樣的吃法；一樣的聖誕，兩樣的風情呢！

其他
Notre Dame de Paris
Bonjour
parfum
vin
fromage
croissant

汽油價錢不統一

- 各種廠牌油價不一
- 各個地區油價有別
- 城裡郊區也不相同
- 自助加油相當普遍

世界各大汽車品牌中，法國車最有名的是 Citroën（雪鐵龍）、Peugeot（標緻）、Renault（雷諾）、Venturi（文圖瑞）和 Heuliez 客車。其中前三者尤爲家喻戶曉。歐洲人，包括法國人，一般都喜歡開歐洲車，通常是實用型但不一定很大的車，常常一輛汽車一開就是十幾二十年，這情形在歐洲算非常普遍。雪鐵龍（Citroën）、標緻（Peugeot）、雷諾（Renault）也都是法國人自己愛用的車款。一般說來這些歐洲車的設計很符合當地氣候的需求，好開也省油。

油品當然有 92、95、98 和柴油之分，它們的價格當然不同，而各個廠牌的油品，比如 Shell、Total 等，同樣的牌子，價錢也不一定相同。這和美國比較類似，一個十字路口可能就會有好幾個加油站，每家都有不同的名字。一般說來，各家的同類油價都不同。即便是同一家品牌的兩家加油站，隔了幾條街價格就可能不同。

原則上臺灣的油品是採公定價格，從南到北，大城小鎮都是一樣的，除了一兩家加油站推出特別的優惠條件外，原則上我們的汽油價格是統一的。法國和美國比較類似，即使同一品牌，隔幾條街或城裡鄉間，同一種油品在不同的地方價格就不一樣，有趣的是，他們開車的時候非常清楚要在什麼地方加油，甚至許多大型超市的附近也有加油站，一般說來，郊區附近的加油站似乎比較便宜。

那麼，是什麼原因造成了油價高低不同？不同品牌的汽油品質會有什麼不同嗎？是不是「便宜無好貨」呢？

首先，各油站基本油價訂定在於進購油品的價格。每家品牌的汽油都有固定的進貨管道。其次，油價還要考慮到建置加油站時的貸款、人工、保養維護費等因素。當然，各地方政府的稅金、地價、人工，貸款等因素也影響了不同地點的油價。但這些都與油的品質本身無關。而唯一與汽油品質有關聯的就是進貨的管道了。

那麼，加油站的汽油又是從哪裡來的呢？

毫無疑問，所有品牌的油都來自同一家煉油廠，通過同一條輸油管，流進並存在同一片儲油罐區裡！因此，不同品牌的汽油內並沒有什麼差別？

其實，不同品牌的汽油之間的唯一區別是「添加劑」（Additives），即美國政府規定的「清潔劑」（Detergent），可以防止汽車引擎噴嘴的堵塞。但是，由於這是政府規定的，所有加油站的油裡都有符合規定的「添加劑」，因此這種「添加劑」也沒有太大的區別。

此外還有一個因素影響油品價格，在法國自助式的加油站已非常普遍，駕駛人無論男女拿起油槍自己加油，當然少了服務人員的開銷，油品價格更便宜了。

家用電器洗碗機比臺灣普遍

家用洗衣機和投幣洗衣機

冷氣和暖氣

烘碗機和洗碗機

大冰箱和小冰箱

整個的世界在變，由於交通發達，人們旅行的機會越來越多，與外界接觸的機會多了，生活習慣無形當中也相互影響，東方和西方的生活好像越來越接近，但實質上還是有所區別的。

洗衣機在亞洲非常普遍，因爲亞洲天氣較熱，衣服天天要洗，自然洗衣機也成爲每個家庭不可或缺的機器。在臺灣，一般我們都用中型或大型的洗衣機，法國得看家裡成員有多少，面積有多大而定。聽朋友說，早期還有鄉下地方，住在河邊的人，把衣服拿到河邊去洗，洗好的大件衣物，比如床單就放在草地上曝曬，接受滿滿的陽光，草地還可行光合作用，讓床單變得更潔白漂亮。

都市裡面人口密集的地方，或是學生居住地附近，會有自助投幣洗衣機與烘乾機。

家中室內一定有暖氣設備，能源有用電的、瓦斯的、熱水管的，或者新建房屋中央空調設在地面底下的。如果大樓有年長的人，他們會把暖氣調得較高，甚至於到二十幾度，因此我們會看到這樣的情景，在歐洲，室外飄著白雪，在室內穿著短袖，這和我們臺灣的情境很不一樣。小時候臺灣寒流來襲的時候，大家都在說，自己穿了幾件衣服，當然現在臺灣南部幾乎已沒有冬天，連外套都很少穿得著。

在臺灣，無論家裡或辦公室，我們是幾乎一定有冷氣或是冷暖氣設備，但臺灣氣候四季如春，暖氣很少用得著，除非在寒流來襲的時候。法國情況剛好相反，平常即使在夏天，早晚的氣候也是涼爽宜人的，白天正午可高到二十四、五度，甚至二十七、八度，夜晚可以低到十來度，有年夏天晚上竟然冷到攝氏零度，記得當時法國朋友開車子的時候還開了暖氣，否則凍得受不了。

我們因爲天氣熱，夏天喝涼水極爲普遍，冰箱裡一定有冰塊，甚至有的冰箱還有自製冰塊的功能。一般說來，臺灣人的冰箱都比較大。法國人要看住在哪裡，在巴黎市區寸土寸金，如果廚房不大的話，冰箱也不會佔用很大的地方。法國有一個冰箱牌子叫「Frigidaire」，很普遍、很好用，這個字也就從專有品牌名稱變成普通名詞了，現在大家說「Frigidaire」就是指電冰箱的意思。其實原來冰箱在法文叫作「réfrigérateur」，或「Frigo」。如今這種法國廠牌的直立冷凍庫已進軍臺灣的大賣場，中文叫「富及第」。

還有一種家電用品，臺灣和法國是不太一樣的，法國人的洗碗機比臺灣的洗碗機更普遍。這可能和法國人用餐時的餐具有關。假設四個人用餐，即使家庭內普通的一餐，每人一個湯盤、一個前菜盤、一個主菜盤、一個生菜盤、一個乳酪盤、一個甜點盤、一個咖啡杯和托座，再加上各人的湯匙、茶匙、刀、叉、茶杯和酒杯等等，光這些餐具就很可觀了，吃的食物未必更多，但是一道一道上，餐具是真的很多，臺灣一般家庭都有烘碗機，而法國很多家庭有洗碗機，當然包括烘碗在內，餐館方面則一定有洗碗機，否則法國人的碗盤，洗碗之後是一個一個親自擦乾，連擦碗布也都是燙得平平整整才用的，這是法國人的文化。

夏令節約時間　夏天很晚才天黑

陽光是歐洲人的最愛

從小追著陽光跑

曬成古銅色才是美

夏天儘量享受陽光

臺灣日照充足，每日豔陽高照似乎覺得理所當然，但在太陽不常露臉的地方，能夠看到太陽就是最大的幸福。以前讀書的時候，聽說過北極圈有永晝和永夜，但是沒有身臨其境實在很難想像到底是一種什麼樣的感覺。二〇一五年去北歐五個國家旅行，終於小小有點能夠體會，有的時候過了午夜，天空還跟我們臺灣的晚上六點多一樣，天有一點點黑而已，睡覺的時候得把厚重的窗簾拉起來，營造天黑了的氣氛，否則才一闔眼，半夜兩三點天又亮了。偶爾體驗一下這種感覺還蠻新鮮，長年如此就會知道陽光有多珍貴了。連當地所有的公共工程都得搶在夏季天氣好的時候，適合施工的只有夏季兩三個月而已。每次出國一趟就會覺得臺灣眞是寶島，一切都那麼便宜方便，各種蔬菜水果，多樣又好吃！

歐美爲何要要實施日光節約制度呢？

由於歐洲與美國受到秋冬日照短縮，白天與夜晚不成比例，於是約定日光節約制度，所有人講好一起把時間往前或者往後調整一小時，以充分享受上天所賜的陽光。

因爲歐洲、美洲等地，秋冬日照時間短，十月底時，早上八點才天亮，下午六點才天黑。等到入冬以後，下午四五點多天就黑了。相反地，在春夏時間日照長，早上五點天就亮了，下午十點太陽才下山，日照時間長。因此在每年三月底將時間往前調快一小時，十月底將時間調慢一小時。大家一起晚一小時出門或者早一小時出門。

七點鐘窗外還黑濛濛，經過日光節約讓作息順延，趕著出門上班的人不用摸黑夜行，治安與交通也有所保障。因此在夏天的時候，臺灣與法國的時差是六小時，到了冬天，時鐘調回去後，臺灣法國時差是七小時。因此，當法國還是中午的時候，臺灣已經是晚上六點（夏季）或七點（冬季）了。

陽光是歐美人士的最愛，只要有陽光，他們都一定出來曬太陽，甚至有極小的嬰兒被用推車推出來曬太陽，哪怕二十五、六度的時候，在巴黎的大學城裡也看得到在某個角落，有人正在做日光浴。夏天他們喜歡曬得黑黑的，爲了加速曬黑，有時還抹些軟膏，吞個藥丸；冬天去滑雪，雪地裡的陽光也很強烈，也會曬黑的。曬得黑黑的，是剛剛度假回來的樣子，這是日子過得好的象徵。

當然有陽光的日子，他們就儘量利用，多留在室外一會兒，甚至小鄉鎮也利用這個機會辦些活動，給觀光客，也給小朋友。小朋友可能是去鄉下祖父母家度假，當地的市政廳也會邀請故事達人來說故事，小朋友席地而坐，幾乎沒什麼道具，隨著故事達人抑揚頓挫的聲音，小朋友也聽得如醉如痴，笑得東倒西歪。這就是爲什麼，法國人很享受長長的白天有陽光陪伴的日子。

全民戶口普查　十年或五年一次

戶口普查

事前通知進行過程

全國居民必須參與

人口普查是指在國家統一規定的時間內，按照統一的方法、統一的項目、統一的調查表，對全國人口普遍地、逐戶、逐人地進行的一次性調查登記。人口普查工作，包括對人口普查資料的搜集、數據彙總、資料評價、分析研究、編輯出版等全部過程，它是當今世界各國廣泛採用的搜集人口資料的一種最基本的科學方法，是提供全國基本人口數據的主要來源。

法國在十九世紀初開始人口普查，從二〇〇四年起，法國改變了原來每隔五年舉行一次人口普查（recensement de la population）的做法，而實行「連續式」（en continu）人口調查。其具體方法是，每年對一萬以上人口的市鎮實行抽樣調查（par sondage）：即由人口調查員（agents recenseurs）對百分之八在市鎮登記註冊的住房進行走訪，每年也即有九百萬人口要向兩萬兩千名人口調查員提供與個人相關的資訊。而按照法國法律規定，回答人口調查員的問題是每個居民必須履行的義務，包括外國學生在內。

對人口在一萬人以下的市鎮，則採取每五年作一次完整的調查；整個國土按五年分期輪查。二〇一三年的法國人口調查於一月十七日啓動，至二月二十三日結束。

在人口普查之前會發送通告，告知老百姓人口普查是有效、安全且簡單的。告知今年，您將接受人口普查。無論國籍或狀況如何，所有人員都必須參與此次人口普查。如果您希望瞭解更多資訊，人口普查員和市政廳工作人員將回答您的任何問題。民衆也可以上「人口普查與我」（www.le-recensement-et-moi.fr）或「法國統計局」（www.insee.fr）網站查詢。

人口普查的作用是什麼？

人口普查可確定每個城鎮正式人口的數量。國家會根據這些資料決定您所在城鎮在預算中的分攤比例：您所在城鎮居民人數越多，此分攤比例越高。居民人數還決定了藥店的數量，市議會中當選議員的席次……。另外，對人口狀況（年齡、居住情況、家庭組成……）的瞭解可確定是否設置必要的生活設施：比如開設幼稚園、修建住宅或發展交通設施等，提供居民更好的服務。

因此積極參與人口普查是公民的義務，它適用於全體公民。甚至包括外國人以及當地的留學生。

人口普查具體如何進行？

1. 一名由您所在城鎮市政府雇用的人口普查員將前往您家中，他將向您建議線上普查或通過填寫紙本表格的方式接受人口普查。
2. 選擇參加線上人口普查，請登入下列網站：「www.le-recensement-et-moi.fr」，點選「線上人口普查，由此進」（le recensement en ligne, c'est ici）。請使用通告中首頁上的登入碼和密碼登錄此網站，隨後輸入已由人口普查員登記的您的住房有關資訊。

3. 如果您未選擇參加線上人口普查，您也可以通過填寫紙本的方式參加人口普查。人口普查員將提供給您：

- 一張住房情況登記表
- 一些個人情況登記表，每個居民各填一張。如果您希望獲得幫助，人口普查員將隨時回答您的疑問。數日之後，人口普查員將再次到您家以便回收這些調查表。

如果您經常不在家，您可以：

- 將填寫完的調查表裝入信封，委託他人交給該人口普查員；
- 直接將這些調查表寄至您所在城鎭的市政廳或您所在大區的法國統計局管理處（Insee）。

線上調查表和相關紙本均爲法文，但是人口普查員可以提供英語版本的調查表，以幫助您填寫法語編寫的調查表。有關普查的結果，您可免費上網站（www.insee.fr）進行瞭解。人口普查，它是安全的。法國國家資訊自由委員會（Cnil）負責對本次人口普查的監督。僅法國統計局（Insee）有權參閱這些調查表。因此，它們並不會衍生其他行政或稅務問題。儘管如此，受訪者的姓名和地址仍是必須的，這是爲了確認沒有被重複統計。但對調查表進行處理時，個人的姓名和地址將不會被公開，它們也不會被存入資料庫中。最後，所有訪問這些調查表的人員（包括人口普查員）將嚴守職業機密。

關於法國的人口普查，每一個居民都需參與，包括在當地讀書的學生也不例外。整個的過程相當繁複，但也相當嚴謹，記得在法國讀書的時候就碰巧遇到過，每個人被訪問時的資料，包括住的大樓有多少年等等，當時也覺得這個和我一個外國學生有何相干，事隔多年回想起來，還眞是佩服他們一絲不苟嚴謹做事的精神。

婚禮的清單（liste de mariage）結婚不送紅包

- 結婚不送紅包
- 新人開列婚禮的清單或指明其網站
- 新人明示請贊助蜜月旅費
- 新人明示各種物品已齊備可送現金

在中國或臺灣的傳統婚禮中，男方一般要送聘金。至於多少聘金，得看雙方的家庭，當時的經濟狀況以及時下的行情。

而在法國，沒有人談聘金這回事，一般是新娘要準備充足的嫁妝。一般法國女孩子，從青少年開始，都會爲了自己將來購買床單、碗盤、毛巾等家庭日用品，而且，婚宴的費用一般也由女方承擔。因此，法國有「嫁妝吞噬者」（croqueur de dot）的說法，用來形容少數居心不良的男性，選擇結婚對象時專門挑選富貴家庭的女兒，作爲致富的途徑。其實這種情形也不限於法國而已，我們不是也聽過，娶個富家千金可以少奮鬥三十年，還有就是岳家送的金飾、金錶壓得新郎倌肩膀都抬不起來。

臺灣和法國最大的不同，婚禮我們一般包紅包，紅包的大小按照客人和新人之間的交情，參加喜宴的人數，並且參考當時一般的行情。中華文化裡的紅包文化的確有它方便之處。

法國的習俗是不一樣的，新娘新郎在結婚前想清楚，他們婚後家裡需要什麼東西，列出一張婚禮清單周知親朋好友，然後由親朋好友來認購。近年來，新人會到當地較有規模的商場建立一個「婚禮清單」（liste de mariage），列出他們所需要的東西。在寄喜帖會附上說明：「我們的『婚禮清單』在某某商場」。親朋好友就會前往該商場看清單裡有什麼東西還沒被別的客人認購，再按照自己的經濟能力替新人買一套床單或一組水晶杯等等。這種做法的好處是，小兩口不必爲日後買家庭用品而煩惱。

而婚禮送紅包可能好處更多：婚宴的費用不需要全部由家長承擔，紅包所得至少可用於支付一部分費用，甚至有人說：結婚也可以賺錢呢！法國人婚禮請吃飯的絕對只有至親好友，一般友人會邀請參加酒會。

法國人結婚，也會從客人的身上小賺一點：據說，以前是拍賣新娘的襪帶（其實，現在法國女性很少穿傳統必須綁襪帶的絲襪，而穿褲襪）。拍賣的過程也蠻有意思：每次有人出價，就把新娘的裙子撩得高一點，直到襪帶出現爲止！

除此之外，請客、喝酒、跳舞，在法國熱鬧程度絕對不亞於在中國。他們甚至也會鬧洞房，稍有不同的是，婚宴快要結束時，新人會偷偷地溜走，到「祕密」的地方過新婚之夜。當然，他們一定會讓一個好朋友知道他們去哪裡過夜，這樣朋友可以在晚些時候到賓館好好地整一下新人！

聖誕鈴鐺

- 教堂的鐘聲
- 聖誕的鈴鐺
- 聖誕前的寧靜
- 聖誕節在孩童心中的意義

聖誕節在法國是家庭團聚歡愉的日子，遊子都要返鄉，火車位一票難求，當然比起大陸的春運仍是小巫見大巫。聖誕季節，除了慶祝耶穌基督誕生之外，他們也常吃生蠔，因爲那剛好是生蠔盛產的季節，同時在聖誕節的時候，他們也會吃一種外型像樹幹形狀的長形蛋糕，叫「bûche」，西點麵包店都有得賣，連超市也有。在法國，與臺灣明顯的差別是，一到十一月進到店裡就嗅得到聖誕節的氣息，可能跟他們是基督教的國家有關，而在臺灣，百貨業者雖也很重視聖誕節，但商業的氛圍蓋過了宗教的氛圍。

教堂的鐘聲在法國是生活的一部分，幾乎每個地區都有教堂，教堂都有大鐘，整點或堂區重要時刻就會敲鐘。人在國外時，鐘錶時常會罷工，沒關係，稍稍注意鄰近的教堂，正中央上面就有一面大鐘，而且會敲鐘報時，有的報時還每十五分鐘一次。

聖誕節的鈴鐺也是不可少的，歐洲的小孩甚至到十一二歲，都相信有聖誕老公公，而且聖誕老公公都在深夜造訪，從煙囪裡下來，他們都是乘坐麋鹿駕的車子，麋鹿身上都有鈴鐺，所以聖誕鈴鐺一定不能少，而且歐洲的小孩都會準備一隻大襪子，掛在壁爐邊，並且把自己夢寐以求的願望很認真地寫下，巧的是總是在小孩入睡以後，聖誕老公公才出現，而且送的東西就剛好是小孩子最想要的。這也是歐洲小朋友童年最美好的回憶——聖誕老公公最瞭解我的需要。

還有一個傳說，在聖誕節前，所有的鈴鐺都去了羅馬，因此會有那麼幾天聽不到教堂的鐘聲，然後到了聖誕夜鐘聲才又響起。我們可以在腦中畫一個畫面，在一個古老的鄉鎮，矗立著一座教堂，鐘樓裡的鐘正在搖擺，空氣中瀰漫著聖誕鐘聲~~~

人人愛閱讀

法國的地鐵裡，看書看報的人還蠻多的。現在法國大都市裡的外國人也越來越多。剛去法國的時候，看到西方人就以爲是法國人，其實在暑假的時候，地鐵裡面搭車的人，大概多半不是法國人，可能是外地來的觀光客，也可能是在當地落腳來自四面八方的外國人。

法國除巴黎外，在其他幾個大都市裡，如里昂、里爾和馬賽都有地鐵，他們乘客在地鐵裡做些什麼？

一般說來，如果在巴黎，搭地鐵的亞洲人也蠻多的，假如看到有人在閉目養神，這人十之八九是華人。如果是法國人，以前還看到有老太太在打毛線的，當地的人有可能在看報紙或是看書，因此到今天爲止，法國還是有人靠著搖筆桿過活的，有作家、插畫家、譯者就是如此。

可能時代不一樣了，臺灣搭捷運的人，多半都是低頭族，忙著滑手機，專注得很，因此也給不肖份子可乘之機。

法國地鐵看書的人眞的還蠻多，街上我們隨處可見書報攤或書報雜誌店。在那兒可以買到各種書報雜誌，靠近地鐵的店家，有時還兼賣地鐵票。特別是報紙，法國一般住戶都用買的，只有律師樓等場所用訂閱的，提供客人看。因此很多人隨手買份報紙在地鐵看，看完以後就隨手扔掉。

法國是一個愛閱讀的民族，連休閒活動也常與閱讀有關，我們最近大力推動桌上遊戲，以推動人與人之間的互動。而法國長久以來就有至少兩項非常受歡迎的遊戲：

一個是接字遊戲（Scrable），另一個是塡字遊戲（Mots croisés）。前者可以兩個人、三個人、四個人……玩；後者可以幾個人玩，或者一個人玩，甚至有時還應用在語言教學裡。凡此種種都需要認識大量的字彙，法國人的確是愛閱讀的民族。

年年各式書展

1980 年巴黎書展於巴黎凡爾賽門舉行

對象是書商、出版社，及一般民眾

每年有一個主賓國受邀

2004 年為「華文文學主題展」，五位臺灣作家受邀

2015 年青少年書展照顧弱勢家庭的孩子

巴黎圖書沙龍是世界上重要的國際書展之一，自一九八〇年創辦以來，每年舉辦一次，每次設有主賓國，特別推薦該國圖書。二〇〇四年是以華文文學爲主題展，也是開展以來首次邀請華文作家參展，臺灣有五位作家接受邀請。

二〇一五年巴黎書展於三月二十至二十三日間舉行，巴西爲主賓國，法國文化部長珮樂杭於開幕當天親自與會，並在書展諸多攤位之間與出版社、書商、作者寒暄。她同時利用這個機會宣佈，法國文化部將在二〇一五年夏天創辦「青少年文學祭」（Fête de la littérature jeunesse），除了鼓勵閱讀，另一用意是引導那些沒有能力在暑假出外度假的弱勢家庭青少年利用暑假神遊書海。

至於全世界最大的法蘭克福書展，性質上較偏重專業交易，其主要對象是出版社與多媒體公司，而巴黎書展針對的主要對象是一般大眾，近年的參觀人數大約都在二十萬人左右。四天書展期間，有來自全世界五十個國家，約一千二百家的出版社參展，多達三百場的相關座談，以及數千位作家的簽書會，這通常是書展中最引人注目的焦點。

二〇一五年的巴黎書展巴西為主賓國，在巴西文化部長陪同下，與會的巴西作家多達四十八人。書籍類型從小說、散文、詩歌、觀光指南至漫畫，包羅萬象，創作者也涵蓋了最年輕的作家到著作等身的有名作家，並且呈現出巴西多元的族群特色。巴西亦是二〇一三年法蘭克福書展的榮譽主賓國，更是唯一獲得巴黎書展第二度邀約的國家。

除了主賓國外，書展如常同時邀請了兩個主賓城市 - 波蘭的 Cracovie 與 Wroclaw。前者是歐洲著名的文化古城之一，後者則是波蘭第四大城，亦是二〇一六年的歐洲文化之都。與會的波蘭作家亦多達二十二位。

二〇一五年的巴黎書展還有一特別引人注目的插曲。

首先是書展舉辦三十五年來僅見的作家集體抗議行動。這是由法國「作家常設理事會」（CPE）發動的抗議，在二百多位包括暢銷書作者挺身之下，舉著「沒有作家就沒有書」的標語，喚醒大眾注意專職作家的生活困境。他們的訴求有三：

其一是即將調高的退休金補充保險金繳交額度；

其二是越來越猖獗的網路盜版行為，以及數位書必須課徵高於實體書四倍的增值稅。

據《世界報》與《費加洛報》報導，儘管作家可能頭頂光環，受到書迷愛戴，但在整個出版與銷售鏈上，卻是獲利最少的一環，而且收入繼續在下降當中。

譬如說百分之六十九的作者可以分到百分之五至百分之十的賣書所得，百分之十九則是連百分之五都不到。以法國作家的平均行情看，賣書所得平均大約是一本一歐元。套用一位作者的話說：「剛好勉強買條棍子麵包（baguette）」。

其三是以法國最大出版集團 Hachette 爲首的幾家大出版社，如 Fayard, Grasset 與 Lattès 都沒參加當年的書展，理由是「展攤租金太貴，而且出版社花費巨大時間精力爲參加沙龍做準備，還不如將同樣的投資放到比較划得來的地方」，《費加洛報》引用其中一家出版社老闆的抱怨說，她還同時指出「簽書會雖然多達三千場，可是只有暢銷作家能吸引書迷，大多數的作家都被冷落在一疊疊的書後。」

當然也有不少出版社對 Hachette 的觀點不敢苟同，有一位批評它不參加巴黎書展在道義上站不住腳。另一位三十二年來從未缺席過的出版商則說：「我確實從未在這個書展上賺過錢，可是這是與讀者邂逅的最佳機會，非到不可。每年都有我們的讀者回來告訴我他們去年買回去的書的讀後心得。」以法國最大連鎖書局 FNAC 爲例，它雖在書展設有大型攤位，展售高達一萬兩千本法文與葡萄牙文書籍，但據《費加洛報》報導，四天展期中也不過期望能販售八千本左右，展示的意義明顯超過販售。

儘管在一般民衆心目中，巴黎書展受歡迎的程度上還比不上每年二月底三月初舉辦的農業沙龍，它被法國政治人物視爲兵家必爭之地，非得曝光不可，然而巴黎書展的媒體效應仍銳不可擋。從書展開幕前一週到書展閉幕爲止，不管平面、網路媒體、電視與電臺，都有相關報導。不過書展主賓國的曝光率明顯勝過主賓城市許多。其次，《世界報》出版的書展專刊以及 Radio France 與 France Info 等廣播電臺在書展期間於現場設攤進行的即時新聞，都爲書展做了許多加強報導。

的確，從一九八〇年開始的巴黎書展，不只是書商、出版社，每年也吸引了許多的一般民衆扶老攜幼前往參觀，帶動了整個社會的愛書風潮，同時他們也注意到推動年輕族群的閱讀風氣，讓書香活動能夠綿延傳承下去。

眞的，巴黎每年的書展，一般的民衆也口耳相傳，即使再擠也要共襄盛舉呢！

家中必有大字典

- 學外文必須認得大辭典
- 各種字典功能不同
- 法國家庭必備大辭典
- Petit Robert 和 Petit Larousse
- 拼字有疑慮馬上查字典

學法語必須認識大辭典，在我們剛開始學習法語的時候，都一定會買一本字典以及一本動詞變化表。這是法語學生最基本的工具書。記得最先還沒進入狀況時，根本沒聽說動詞還有好多不同型態，翻開法文字典，心裡老嘀咕：這是什麼字典？怎麼我要找的字都沒有！左翻右翻，眞的沒有，很頹喪！漸漸才知道，原來法文的動詞需要變化，書本上課文出現的，十之八九是變化以後的樣子，因此，學習法語的時候，如何查考字典是要學習的。

一般學生繼續學下去，就會儘快購買兩本法法大字典，一本叫《Petit Larousse》，另一本叫《Petit Robert》，這也是法國的一般個人或家庭必備的工具書。《Petit Larousse》算是小百科，前半部是普通名詞，後半部是專有名詞，有了一本這樣的字典，一般辭彙都可以查到。

至於《Petit Robert》是專門在語言的應用方面，非常詳盡仔細，密密麻麻，一般語言方面的用法都可以找到，有說明也有例句。後來爲了競爭，也爲了提供讀者更方便的服務，《Petit Robert》出了第一冊和第二冊，《Petit Robert I》仍然是處理語言的問題，《Petit Robert II》則全是專有名詞。

在法國，像這類家喻戶曉的字典，每年都有新的版本推出，因此外國學生如需購買辭典，就可考慮別買最新的版本，因爲新舊版本所差的字並不多，價格卻友善許多。

當我在法國讀書的時候，有很多機會到法國朋友家做客，我的印象眞是深刻！當大家談到一件事情，遇到一個字不確定的時候，他們一定馬上拿出字典來查考，這絕非偶發事件，在好幾個不同的朋友家裡都是這樣，所以法國人家裡幾乎都有這兩本大字典，而且時常查考！

法國人的字典年年都有新版本，每種字典的功能也不相同，比如《Pluridictionnaire》也是另一種小百科，不同的是，它的編排是不論普通名詞或專有名詞，一律按照字母順序排列。另外還有値得一提的是《Quid》是一年出一本，當年發生的大小事件都可以找到。

當然隨著時代的變遷，以及網際網路的發達，電子辭典和網路字典幾乎取而代之，最大的原因是比較快速，而且是隨時隨地，一個字不明白，立刻上網去查考。二十一世紀與上個世紀，生活型態與方式已有很大的改變。我們眞的不知道，是不是有一天，所有紙本的書籍都會被取代，至少今天紙本的書還是有它一定的價值。但不可諱言的，紙本的書籍有存放的年限，大概二十五年左右，而電子書或放在雲端的資料，至少目前不受這些限制。無論如何，學習任何一種語言和文化，字典是必備的工具書，無論它以哪種型態出現，都是我們最好的「家庭教師」。

漫畫節

漫畫在法國讀者不只是小孩

Angoulème漫畫節 1974 年開始舉辦

臺灣四度應邀參展

日本漫畫越來越流行

我們都以爲在網際網路發達以後，紙本的書總有一天會被取代；事實上卻不然，根據中國「開卷八分鐘」梁道長的介紹，世界上每一天仍有三千種以上的書發行。因此，紙本的書不可能被取代，以這樣的發行速度來看，紙本的書是永遠不可能被取代的。

書本裡面有一種類型很有特色，那就是漫畫。近年來，日本漫畫在臺灣越來越風行，年輕的讀者也越來越受日本漫畫的影響，甚至追著漫畫大師跑，三不五時還來個角色扮演（Cosplay），甚至青少年還自己買布，親手做衣服。一針一線親手縫製出來的衣服，當然分外親切。我們看到不少青少年，穿著自己親手縫製的衣服參加販售會，參加角色扮演，甚至向學校請假，也要追著販售會跑，因爲他們眞的很愛日本漫畫，以及漫畫裡的角色。

不同時代有不同的漫畫，臺灣每個青少年都有陪著自己長大的漫畫。臺灣的漫畫，從五〇年代起，有牛哥的《牛伯伯打游擊》、葉宏甲的《諸葛四郎》、劉興欽的《大嬸婆》、敖幼祥的《烏龍院》，以及後來崛起的漫畫家朱德庸、幾米和蔡志忠。蔡志忠先生用漫畫重新詮釋古籍，從老莊作品開始著手。或許由於道家崇尚自然的精神，對於汲汲營營的現代社會來說，他的作品恰似一帖清涼劑！此外，還有《列子》、《韓非子》、《中庸》、《大學》、《菜根譚》、《世說新語》、《孫子兵法》、《史記》、《水滸傳》、《封神榜㈠》、《封神榜㈡》、《白蛇傳》、《三國志》等等……蔡志忠的漫畫影響眞的很大。

法國最有名的漫畫家叫勒內・戈西尼（René Goscinny，一九二六至一九七七年），他同時也是法國幽默作家、雜誌編輯和電影編劇。他最出名的作品是漫畫書《阿斯泰利克斯歷險記》（與漫畫家阿爾伯特・優德佐合作），漫畫《幸運的路克》（與漫畫家莫里斯合作）和漫畫書《小淘氣尼古拉》。

勒內・戈西尼全部著作的銷售量約爲五億本，是家喻戶曉擁有最多讀者的法國作家之一，也是漫畫編輯這一行的先驅。除了使用本名 René Goscinny 之外，他還用過 René Maldecq, René Macaire, Agostini, Liliane d’Orsay 等筆名。

這套《阿斯泰利克斯歷險記》（Astérix）有三十三本，是敘述法國人祖先高盧人的故事，法國人很愛看，覺得裡面充滿了幽默，但對外國人來說，即使法文程度已經到了相當好的程度，但往往對其中的法式幽默仍然很難引起共鳴。

安古蘭漫畫節（Festival d’Angoulême），是歐洲最大的漫畫節，也是世界上兩大漫畫節之一，另一個是美國的聖地牙哥漫畫節。聖地牙哥漫畫節，每年七月舉行，以展出美國漫畫爲主；安古蘭漫畫節則聚集了更多歐洲的漫畫家。

作品來源上的差異使得兩大漫畫節呈現截然不同的氛圍：美國漫畫節充滿激情、崇尚英雄和奇蹟；法國安古蘭漫畫節則更顯厚重、藝術與個性。美國漫畫和歐洲漫畫的另一區別在於，美國漫畫主要的讀者群是青少年，而歐洲漫畫則以成年讀者居多。

法國雖然一向有自己的風行的漫畫，但從二〇〇〇年左右開始，日本漫畫已進軍法國市場，據相關數據顯示，法國已經成爲日本漫畫在本土之外的第一大消費市場，法國青少年對日本漫畫的痴迷程度可見一斑。

二〇一〇年，日本漫畫在法國連環畫市場銷售量達到一千三百萬冊，佔總銷售額的百分之四十；二〇一一年，歐洲經濟整體下滑，但日本漫畫銷售依然達到一千四百萬冊。據法國評論家協會年度調查顯示，二〇一二年，共有一千四百六十五部日本漫畫在法國出版，佔該年度新漫畫總量的百分之三十五，而同時，歐洲漫畫只發行了三十七部，法國已經成爲日本漫畫除日本本土外，在世界上最大的消費國家，這種日本動漫藝術在法國瘋狂傳播的現象，可追溯到三十五年前在法國電視臺上映的「UFO 魔神古蘭戴薩」（Goldorak）。

「UFO 魔神古蘭戴薩」於一九七八年七月三日在法國電視二臺首映，當時曾創下收視率紀錄。日本動漫不只對亞洲青少年影響很深，它也成功的敲開了歐洲市場，其影響一直持續到今天。

首先，日本漫畫有針對客戶群年齡和性別的劃分，比如說日本青少年漫畫還分少男漫畫和少女漫畫兩種，這種營銷方式，使年輕讀者能找到一套適合自己的讀物；其次，日本漫畫具有更新週期短、體積小等特點，容易放入口袋，而且價格低廉（單冊約六至八歐元），而法國、比利時漫畫的價格相對昂貴（約十至十二歐元）。

日本動漫在法國不僅只有黑白的漫畫冊，同時還開發其他周邊商品，如遊戲、電影、卡片、模型等。此外，在巴黎舉行的日本文化博覽會，每年都吸引大批法國年輕人參與，日本文化博覽會的創始人之一，托馬斯・希爾代（Thomas Sirdey）表示：「在法國，很多家長都會支持孩子看漫畫，因爲孩子們通過讀漫畫而開啓了讀書的大門」。總之，法國人本來就是一個愛閱讀的民族。

電視馬拉松（TELETHON）十二月第一個週末

電視與馬拉松兩字的結合

每年十二月第一個週末連續三十小時電視募款

早期專為幫助小兒麻痺

現為幫助罕見疾病兒童

電視馬拉松一字，是由電視和馬拉松兩字合成的組合字，是一個電視轉播長達三十小時的慈善捐款節目。最初是二十世紀五〇年代在美國發起的，最先是爲了幫助小兒麻痺的病患。通常，許多藝人，包括歌星、音樂家、演員，他們登高一呼，請求民眾踴躍捐款，善款是由民眾打電話到電視臺，由義工負責接聽，募集的款項直接顯示在電視螢光幕上。

電視馬拉松第一次是在一九八七年由肌肉萎縮症協會主辦，主要是爲了募集資金進行神經性基因突變引起的病症做研究（包括肌肉萎縮症、僵直性脊椎炎等），當然也包括其他罕見疾病。募來的款項也用來幫助因肌肉萎縮症所引起的各種病變。

二〇〇六年的電視募款高達一億多歐元，主要是Jean Frézal教授，基因研究的先驅，也是兒童醫院基因醫學研究中心的創辦人，是他發現了脊髓萎縮症的基因，而得以募集大筆的捐款用在基因的疾病上。

當年《費加洛報》指出，電視馬拉松募款所得百分之六十三點五資助研究、尋求疾病治療方法；百分之三十三點六資助病患及其家庭。而爭議焦點幹細胞研究僅佔全部支出百分之一點五。《巴黎解放報》以頭版專題討論電視馬拉松募款，援引專家意見以增加民眾對罕見疾病的認識，並協會推動的基因研究，使得法國在罕見疾病領域獲得相當的成果，並且促成多種不受重視的藥物研究得以進展。

電視馬拉松募款活動，在法國已經二十多年，每年十二月第一個週末開始，長達三十個小時的電視募款，在各個城市同步舉行，所募集到的款項，全數捐給罕見疾病藥物的研發。連巴黎地區的佛教團體也出錢出力，二〇一五年，甚至一些佛教青年雖然還沒有經濟的能力，但他們準備了街頭的舞獅表演，吸引往來的人潮，讓一般人也能關心救治罕見疾病的議題。

在罕見疾病的研究與治療方面，法國的確投入比較多，而且比較進步。罕見疾病是指一萬個人中才有一個，但是專家指出，其實這些疾病離我們沒有想像中的遙遠，因爲每個人身上都有約十個不正常的基因，但是他是隱形的沒有發作，如果父母雙方的不全基因碰到一起，孩子就有可能得到罕見疾病，因此研究如何幫助這些孩子順利平安的成長，的確要有醫護人員、研究機構、基金會以及政府投注心力，才能幫助這些孩子以及他們的家庭過著幸福平安的生活。

永遠的歌星 Piaf、Brassens

法國文化裡永遠的歌星

渾厚的嗓音、特殊的唱腔

不同時代永遠有人翻唱、重新詮釋

經典名曲：〈玫瑰人生〉、〈枯葉〉

如果我們問法國朋友，法國最有名的歌星是誰？可能無論他們年紀幾歲，在他們的名單裡，仍然少不了 Piaf、Brassens 等人，甚至還有 Yves Montand、Nana Mouscouri 和 Georges Moustaqui 等等。

剛去法國讀書的時候，對於很多法國經典的文化，一開始也並不很進入狀況，經過法國朋友介紹，聽聽他們的歌曲，當時也覺得不太懂得好在哪裡？經過時間的歷練，發現法國朋友介紹的這些歌星，你到唱片行，至今還可買到他們的光碟片。說實話，這些歌曲還眞是耐聽，而且越聽越有韻味！

經典名曲都有一個特色，歌詞特別優美，曲調特別悠揚，容易琅琅上口，也容易在心裡不斷的反覆思想與吟唱。當然，主唱歌手一生的故事也是吸引人的焦點。就舉 Edit Piaf 爲例，〈La vie en rose〉是她的成名作品之一，電影《玫瑰人生》（《La vie en rose》），講的就是Piaf一生的故事。她出身貧困，在很小的時候，父母親離異，父親去從軍，母親無力撫養她，於是把她送到外祖母家寄養，外祖母開妓院，因此她是在妓院長大的，接觸的都是社會底層的人。在她很小很小兩三歲時，曾因生病眼睛失明，還是妓院的阿姨們捐錢讓她去聖女小德蘭的故鄉朝聖，她的眼疾還眞的得以痊癒。

Piaf的個子很小，只有一百四十二公分，因此綽號叫「小麻雀」。十多歲就出來走唱，逐漸走紅，因而結識了其他的歌星和製作人，後來又到紐約發展，在紐約之初，發展也不是很順利，後來有人很欣賞她，在報紙上加以報導，從此她聲名大噪。

她的一生，從小就困頓坎坷，走紅以後又因爲生病，不得不借助嗎啡減輕痛苦。十七歲時就做了媽媽，但她卻像自己的母親一樣，無力照顧自己的小孩，於是把小女兒交給丈夫來照顧，孩子不幸在兩三歲夭折。這是她一生唯一的孩子！

Piaf因爲工作的緣故，結識了不少的歌星和製作人，其中也譜出了幾段戀曲。走紅期間因爲唱歌給德國人聽，又被指稱爲賣國賊。她的一生，從幼年到成名，無論家庭、婚姻、感情世界都多有磨難，才四十八歲就辭世。她，Piaf至今被公認爲法國最有名的歌星。

法國家喻戶曉的歌星，不得不提起Nana Mouskouri、Georges Moustaki和Yves Montand等人。Nana是希臘人，很早就和姊姊被父母送進音樂學院就讀，她其實只剩一個聲帶，但天賦異稟，嗓音獨特，很早就開始唱流行音樂，最先不爲音樂學院的古典派人士支持。Nana唱歌字正腔圓，紅遍歐美，被她唱紅的曲子不計其數，有許多家喻戶曉的法文歌曲都是她唱紅的，她唱過的單曲超過一千五百首，因此，雖說她祖籍希臘，但提到法國知名的歌手，仍然一定會提到娜娜（Nana Mouskouri）。

另外值得一提的是Georges Moustaki，他有希臘人和埃及人的血統，很早就來到法國讀書，學了文學，也結交了一些詩人和作家，這些都使他的作品更加有濃濃的詩人情懷。他作詞又作曲，他的歌，曲調悠揚、歌詞優美、意境深遠，他也參與了法國在一九六八年的學運，與其說他是希臘人，更不如說他是法國人（歸化入籍）。他在法國歌壇也享有盛名，網路上隨便點閱，就可看到他的演唱。

再說尤蒙頓（Yves Montand），出生在義大利，是歌星也是演員，整個的發展都在法國，他也是紅遍了歐美，他的一生也非常戲劇化，正因為他是藝人，他戲劇人生般的生活，比如〈秋葉〉（Les feuilles mortes），由他唱來，宛如娓娓道來他一生的羅曼史。〈秋葉〉，也是詩人的作品被譜成曲子吟唱，自然別有一番韻味！

再說Georges Brassens，更是每個法國人公認的大師，與其說他是法國最負盛名的歌星，倒不如說他是詩人，他的嗓音眞的很特別，低沉有磁性，每首歌曲唱來都像在吟詩一樣，他文學的根柢更是深厚，整個人散發的就是詩人的氣質，無論我們懂或不懂他的音樂，他在法國樂壇永遠佔有最重要的一席之地，有空的時候，不妨上網看看這些法國巨星的風範，其年代雖然久遠，他們的歌聲仍然餘音繞梁呢！

法國人如何形容顏色

酸菜色再黃一點，法國人叫「芥末黃」

咖啡色，法國人叫「栗子色」

法國人說：紅得像番茄一樣

不同的文化，有時也有異曲同工之妙。比如中文說「如魚得水」，典故來自「三國」，劉備三顧茅廬，請求諸葛亮幫忙。諸葛亮願意出來幫忙劉備，但劉備身邊的張飛等人非常不悅，劉備告訴他們說：「諸葛亮好比是水，自己是魚，得到諸葛亮幫忙，就好比如魚得水。」如魚得水，是說得到跟自己十分投合的人或對自己很合適的環境。

法文恰巧也有一個慣用語，叫做「幸福得好像如魚得水一般」（Etre heureux comme un poisson dans l'eau），的確，魚兒在水裡是很悠遊自在的！

此外，顏色的意涵在每個文化裡似乎無所不在，也默默的傳遞了許多文化的訊息，比如很多國家的國旗都是藍、白、紅，在法國它所傳達的是「自由、平等、博愛」，比如在世界足球大賽時，藍白紅就知道是法國。

日常生活中，我們也都會用到對顏色的形容詞，印象深刻的是，我們對綠綠黃黃的顏色，在臺灣我們都稱之爲「酸菜色」，的確，它和我們的酸菜顏色很像。法國不一樣，法國有名的芥末醬，就常用來形容芥末黃，就是我們說的芥末的顏色，一種很濃郁很好看的黃色。

法國人在塡寫個人基本資料時，除了出生年月日、國籍、家庭狀況之外，重要資料還有眼睛瞳仁的顏色。亞洲人頭髮通常是黑色的，眼睛卻是深褐色的。一般我們形容深褐色，叫做「深咖啡色」，法國人卻稱之爲「栗子色」。的確，栗子的顏色正是我們說的咖啡色。

冬天時候，山上的小朋友臉兒都紅通通的，我們都形容，臉兒紅得像蘋果一樣，的確是十分可愛！在法國，他們形容紅得像番茄一樣。當然，我們的蘋果比較貴重，特別是在以前，蘋果都是進口的，我們說臉兒紅得像蘋果，除了可愛還有貴重的意思。

然而在法國，蘋果太普遍了，鄉間的院子裡可能就有蘋果樹，而且蘋果品種繁多，常見的就有黃的、綠的、紅的等等，倒是番茄，法國的番茄多半都是進口的，而且是鮮艷欲滴的紅色，價錢也比蘋果貴多了，難怪法國人要說：紅得像番茄一樣，這種形容方式感覺也比較貴重吧！

倒是有一種形容詞蠻有意思，他們也說：紅得像龍蝦；紅得像蝦子一樣。看來，蝦子或龍蝦一煮熟就都披上大紅袍了，這可是古今中外都一樣呢！

紅得像番茄一樣

紅得像蘋果

愛心餐廳

臺灣以前自豪沒有乞丐

臺灣街友最年輕的十九歲

法國街友的寒冬送暖

法國愛心餐廳成立超過三十年

法國已故諧星科魯西（Coluche），也是導演，在一九八五年十月成立一個叫「愛心餐廳」（Resto du Coeur）的組織，宗旨就是要讓大家都能溫飽。不論寒冬或是雨天，「愛心餐廳」都有工作人員提供熱食給流浪漢或是飢渴的人們，讓大家不再挨餓受凍。這個想法得到演藝界的大力支持，已經成爲法國最有名氣的慈善活動。Coluche於一九八六年因摩托車事故而喪生，但愛心餐廳仍持續運作。一九九〇年歌壇明星Jean Jacques Goldman首次舉辦了「les enfoirés（混蛋）」義演活動，並且決定每年一度，邀請各方歌手共襄盛舉，將義演賣票收入，幫助需要的人。

到二〇一四年，法國愛心餐廳已成立超過三十年，雖然大環境的經濟不景氣，導演Coluche號召的愛心餐廳仍然持續運作，有不少的人繼續慷慨解囊，支持捐贈的活動。

正因爲大家的善心與慷慨，使得居無定所的人在嚴寒的冬天不至於受凍挨餓，這些善心人士中有的很富有，有的未必，但大家有志一同，慷慨解囊，幫助街友度過嚴冬，也送上人間最有熱度的祝福。

一九八五年開始的愛心餐廳，在二〇一三至二〇一四年發送了一億三千萬的餐食給一百萬的弱勢族群。負責人Olivier Berthe說：「這次破了紀錄，但也不是值得炫耀的紀錄。」法國現有二〇九〇個中心，志工有六萬七千名，捐贈者變少，但總數額增加，是因有不少善心人士每年固定捐助，同時有些捐助來自比較寬裕的人士。資助者志工負責人表示，只要三十歐，我們就可提供一整個月每日一餐的餐食給弱勢族群。

多半捐款少於九十歐，超過半數捐款者，屬於大宗，約募集總數的百分之十二。捐款平均爲一百三十三歐，比其他慈善機構捐款要高。多半善款還是來自所謂自由業，有的捐款達一萬五千歐，也有達到二十萬歐的，捐款超過一千歐的，會收到一封具名的感謝函，其餘捐贈者也都會收到志工負責人的謝函。

愛心餐廳的捐助者不是朝三暮四的人，他們之中有將近八成的人年年捐贈，有的人是從一九八五年持續到現在。匿名慷慨捐助者還有外國的國王（不是歐洲人）、大老闆、比利時歌星以及東部的酪農……除了由科魯西在一九八五年發起的愛心餐廳，法國以及歐盟各國也都還有其他慈善機構發起的救援機制，幫助弱勢族群再度回到社會上，比如Emmaüs，也是頗具規模的團體，他們在法國及其他國家就有不同的據點，甚至也招募國際志工，去做短期的服務。學習外語的學生，不妨申請看看，體驗一下歐洲人是如何協助弱勢團體的。

關懷弱勢是一個非常迫切的新議題，以前臺灣人相當自豪，因爲，臺灣錢淹腳目，而且在臺灣沒有乞丐，但曾幾何時臺灣也有年輕人流落街頭，其中最年輕的街友才十九歲。

在法國，由藝人發起的愛心餐廳，持續關懷弱勢族群，寒冬送暖，甚至在巴黎還有公共澡堂，提供遊民盥洗。在寒冬的時候，常見他們開車沿街接送需要扶持的街友，但也有的街友過慣了獨立的生活，拒絕幫助，最後凍死街頭，這的確也是繁華世界裡黯淡悲哀的一角。

法國人愛狗，有時我們也會看到，一個貧困潦倒的主人帶著愛犬流浪街頭，旁邊的紙板寫著：「我們餓了。」只見忠誠的狗兒緊緊與主人相依偎，看了眞是讓人鼻酸。

記得大約是九〇年代，有次在法國電視上看到一則報導，一對年輕的父母，沒有了工作，只見他們落寞的身影，牽著才一兩歲的小孩露宿街頭。當我們看到幼小的孩童也流離失所的時候，心中的衝擊是更強烈的！

「愛心餐廳」無獨有偶，目前在中國大陸的「雨花齋」，免費素食餐廳，每天供應數萬人吃免費素食！全大陸有一百七十家，不同負責人，名稱一樣！這是由一位老和尚發起，目前在中國大陸各地，大家有志一同，有錢出錢、有力出力，幫助社會上的弱勢族群。臺灣的情況，幫助街友多半是宗教團體或社福機構，他們也表示，這些街友並非沒有工作，而是工作收入菲薄，而且工時長、不穩定……想要租屋談何容易，於是流落街頭。「老吾老以及人之老，幼吾幼以及人之幼。」顯然，這已經是全世界面臨的急迫課題！

每位總統留下的歷史建築

- 戴高樂機場
- 龐畢度中心
- 奧賽博物館
- 國家圖書館
- 貝聿銘的金字塔

古今中外，改朝換代都是一朝天子一朝臣。

一九五八年，發生阿爾及利亞獨立戰爭。法國國會授予戴高樂將軍全權，於是戴高樂利用這個機會建立了新的法國政府。一九五八年九月，通過加強總統權力和行政權力的新憲法，九月二十八日舉行公民投票，有百分之七十九點二的人支持新憲法。

一九五九年一月，戴高樂就任第五共和國總統，組成以「共和國民主人士聯盟」爲主的聯合政府。一九六二年三月，承認阿爾及利亞獨立。

法國總統原來是由選舉團選舉，一九六二年戴高樂將總統改爲由人民直接選舉，任期爲七年，其後戴高樂成爲第一位經兩輪投票後直選產生的總統。

二〇〇二年憲法修訂，將總統任期由七年縮短爲五年，並最多可連任一次。法國總統選舉爲兩輪決選制，在第一輪投票中，獲得過半數選票的候選人可當選爲總統；在第一輪投票中，如果沒有候選人得票超過半數，則得票最多的兩位候選人可以進入第二輪投票，第二輪投票中得票較多的候選人勝出，當選爲總統。

和其他歐洲國家相較，法國總統的權力較其他歐洲國家的總統爲大，他有解散國民議會的權限。而德國、義大利、希臘及葡萄牙，其總統象徵性的意義較大，實權較小。

法國第五共和創立了雙首長制的慣例，當總統所屬政黨在國會過半，總統所委任的總理就是總統所屬政黨，變成由總統主政。反之，在野黨在國會超過半數的話，那麼總統就會任命在野黨所推舉的人爲總理，由在野黨主政。依據憲法慣例，由總統主理外交，總理主理內政。就像右翼的席哈克，在一九八六年至一九八八年間出任總理，但當時的總統是左翼社會黨的密特朗。

法國曾三次出現「左右共治」的局面，分別是一九八六至一九八八年、一九九三至一九九五年及一九九七至二〇〇二年。二〇〇二年總統任期縮短後，總統選舉先於國會選舉，使「左右共治」的機會降低。

以下是一九五八年至今法國第五共和歷任的總統，以及他們在個人任內留下的歷史建築：

—戴高樂（Charles de Gaulle），一九五九至一九六九年在位，留下戴高樂機場。

—龐畢度（Georges Pompidou），一九六九至一九七四年在位，留下龐畢度中心。

—季斯卡（Valéry Giscard d'Estaing），一九七四至一九八一年在位，其任內將老舊的奧塞火車站，重新規劃成奧塞美術館，賦予它新的生命。

—密特朗（François Mitterrand），一九八一至一九九五年在位，留下國家圖書館。

—席哈克（Jacques Chirac），一九九五至二〇〇七年在位，留下貝聿銘的金字塔。

當然，有的建築是在前任總統任內定鐸，然後在繼任總統任內完成。似乎所有的政治人物都希望在歷史的洪流中留下一些豐功偉業，法國第五共和歷任總統也不例外，他們聰明的地方是不約而同的，每個人任內都留下一棟歷史建築，讓以後造訪的人睹物思人有所懷念。

國家圖書館出版品預行編目資料

趣看，法蘭西／雍宜欽著. ——二版. ——臺北市：五南圖書出版股份有限公司，2022.12
面；　公分
ISBN 978-626-343-509-4（平裝）

1.CST: 文化史　2.CST: 社會生活
3.CST: 法國

742.3　　111017998

1W0C

趣看，法蘭西

作　　者 — 雍宜欽
發 行 人 — 楊榮川
總 經 理 — 楊士清
總 編 輯 — 楊秀麗
副總編輯 — 黃文瓊
責任編輯 — 吳雨潔、黃懷萱
封面設計 — 姚孝慈
美術設計 — 劉好音
插圖繪製 — 王姿婷、王郁涵、謝瑩君
出 版 者 — 五南圖書出版股份有限公司
地　　址：106台北市大安區和平東路二段339號4樓
電　　話：(02)2705-5066　　傳　　真：(02)2706-6100
網　　址：https://www.wunan.com.tw
電子郵件：wunan@wunan.com.tw
劃撥帳號：01068953
戶　　名：五南圖書出版股份有限公司
法律顧問　林勝安律師事務所 林勝安律師
出版日期　2018年6月初版一刷
　　　　　2022年12月二版一刷
定　　價　新臺幣380元

經典永恆·名著常在

五十週年的獻禮——經典名著文庫

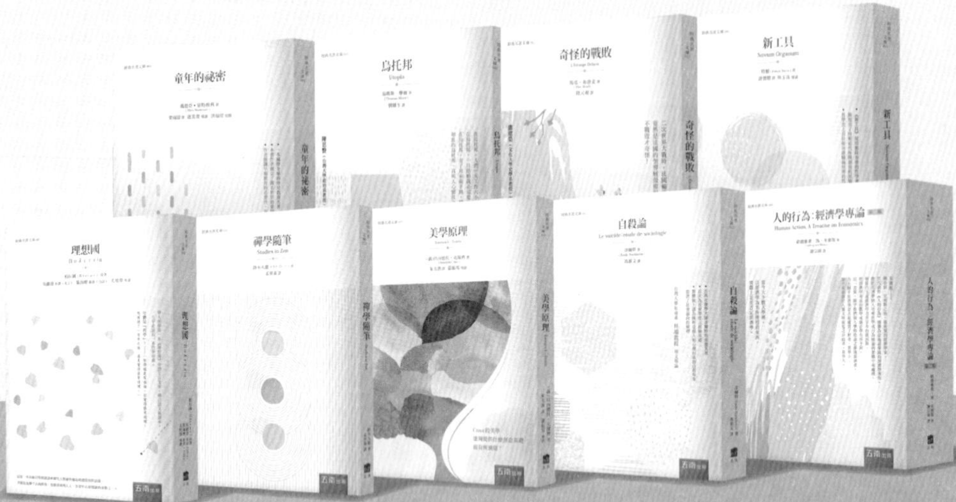

五南，五十年了，半個世紀，人生旅程的一大半，走過來了。
思索著，邁向百年的未來歷程，能為知識界、文化學術界作些什麼？
在速食文化的生態下，有什麼值得讓人雋永品味的？

歷代經典・當今名著，經過時間的洗禮，千錘百鍊，流傳至今，光芒耀人；
不僅使我們能領悟前人的智慧，同時也增深加廣我們思考的深度與視野。
我們決心投入巨資，有計畫的系統梳選，成立「經典名著文庫」，
希望收入古今中外思想性的、充滿睿智與獨見的經典、名著。
這是一項理想性的、永續性的巨大出版工程。
不在意讀者的眾寡，只考慮它的學術價值，力求完整展現先哲思想的軌跡；
為知識界開啟一片智慧之窗，營造一座百花綻放的世界文明公園，
任君遨遊、取菁吸蜜、嘉惠學子！